［法］汪德迈（Léon Vandermeersch）

汪德迈（Léon Vandermeersch），1945年就读于巴黎东方语言文化学院学汉语与越南语，同时在巴黎索尔邦大学学哲学与法律。1948年 获得汉语本科文凭，1950年获得越南语本科文凭，1951年获哲学硕士与法律学博士。1962年获法国高等社会研究院法家研究硕士，1975年以中国古代体制论文获得法国国家博士。法兰西学院通讯院士、法国远东学院原院长，法国高等社会科学研究院教授，北京师范大学荣誉教授。主要研究甲骨文、儒法家思想、中国古代政治制度、中国思想史，以及受中国文化影响的国家（韩、日、越）文化史。

主要出版专著七部，论文逾百篇。获法兰西学院儒莲奖（Prix de Stanislas Julien）、法兰西学院金石美文学院最重要的奥马乐奖（Prix du duc d'Aumale）、法国国家荣誉军团骑士勋章（Chevalier de l'ordre de la Légion d'Honneur）、法国教育荣誉勋位（Officier de l'Ordre des Palmes académiques）、日本神器金银星（Etoile d'or et d'argent de l'Ordre du Trésor sacrédu Japon）、中国政府中华图书特殊贡献奖。

汪德迈全集 ❺

新汉文化圈

[法] 汪德迈（Léon Vandermeersch） 著

[法] 陈 彦 译

中国大百科全书出版社

图字：01-2022-0550

图书在版编目（CIP）数据

新汉文化圈 / ［法］汪德迈著；［法］陈彦译．--
北京：中国大百科全书出版社，2022.3
（汪德迈全集⑤）
董晓萍、[法]金丝燕主编“跨文化研究”丛书
ISBN 978-7-5202-1095-9

Ⅰ.①新… Ⅱ.①汪… ②陈… Ⅲ.①汉学—研究
Ⅳ.① K207.8

中国版本图书馆 CIP 数据核字（2022）第 044268 号

策 划 人 郭银星
责任编辑 郭银星
封面设计 程 然
版式设计 博越创想
责任印制 朱东旭
出版发行 中国大百科全书出版社
地　　址 北京市阜成门北大街 17 号　　邮政编码 100037
电　　话 010-88390093
网　　址 http://www.ecph.com.cn
印　　刷 小森印刷（北京）有限公司
开　　本 710 毫米 ×1000 毫米 1/16
印　　张 23.75
字　　数 143 千字
印　　次 2022 年 10 月第 1 版 2022 年 10 月第 1 次印刷
书　　号 ISBN 978-7-5202-1095-9
定　　价 99.00 元

董晓萍 ［法］金丝燕主编

“跨文化研究”丛书（98）

教育部人文社会科学重点研究基地重大项目

“跨文化学理论与方法论”

（项目批准号：16JJD750006）

综合性研究成果

教 育 部 人 文 社 会 科 学 重 点 研 究 基 地

北 京 师 范 大 学 民 俗 典 籍 文 字 研 究 中 心

北京师范大学跨文化研究院敦和学术基金

资助出版

出版说明

汪德迈（Léon Vandermeersch），1928 年出生于法国。1945 年就读于法国东方语言文化学院，学习汉语与越南语，1948 年获汉语本科文凭，1950 年获越南语本科文凭。同时就读于法国索邦大学，主攻哲学与法律，1951 年获哲学硕士与法律学博士。1962 年，获法国高等社会科学研究院法学研究硕士。1975 年，以中国古代体制研究的论文获法国国家博士。曾赴香港大学，师从饶宗颐。曾在日本学习和工作，师从日本京都大学重泽俊郎、小川环树、吉川幸次郎，以及日本同志社大学内田智雄。曾在越南西贡和河内任中学教师。后受聘于法国远东学院，为越南河内大学西贡法学院研究员、法国远东学院研究员，兼任河内路易·飞诺博物馆馆长。期间再返日本京都和中国香港任职。1960年代中期返回法国，历任埃克斯－普罗旺斯大学中国语言与文化讲师、教授，巴黎第七大学教授、法国高等社会科学研究院研究员、日佛会馆馆长、法国远东学院院长。法兰西学院金石美文学院通讯院士。已出版主要著作七部（法文版），发表论文百余篇。获法国荣誉军团骑士勋章、法国教育荣誉勋位、法兰西学院儒莲奖、法兰西学院金石美文学院奥马乐奖、日本神器金银星、中国政府中华图书特殊贡献奖。

汪德迈先生是著名法国汉学家，由法国大汉学家沙畹（Edouard Chavannes）和戴密微（Paul Demiéville）一脉相传。他是欧洲第一个掌握甲骨文的学者，在传统法国汉学的基础上，吸收中国国学、日本汉学和越南汉学的成果，并运用甲骨文考古学成果，对中国古代社会制度、中国儒学、中国哲学史、中国思想史、汉文化圈和中国文学的独特起源等，开展持之以恒的研究。他摒弃以往套用西方概念研究中国和分门别类地做中国学问的局限，摒弃偏见，一切从中国资料实际出发，指出中国文化与中国社会的系统关联性，开展整体研究。他的研究独立而创新，具有严密的理论体系和科学的方法论，建立了法国汉学研究的新模式，奠定了汪德迈中国学的坚实基础。

《汪德迈全集》是首次在中国出版的汪德迈先生的学术著作集成，经汪德迈先生授权，由中国大百科全书出版社出版。这部大型的海外汉学家著作，全面反映了汪德迈先生的学术成就，展现了汪德迈中国学的学术精髓。

《汪德迈全集》，全 10 册，目次如下：

《中国教给我们什么》

《中国思想的两种理性：占卜与表意》

《跨文化中国学》(上)

《跨文化中国学》(下)

《中国文学的独特起源》

《新汉文化圈》

《中国学论稿》(上)

《中国学论稿》(下)

《王道》(上)

《王道》(下)

汪德迈先生从事汉学研究长达70余年，以卓越的学术成就和巨大的社会声望，赢得了法国、乃至欧亚学术界的崇高敬意。《汪德迈全集》的出版，不仅对西方世界全面评价中国文化和中国社会大有帮助，而且对中国人从一个西方汉学家的角度认识中国优秀传统文化的价值也有启发。

汪德迈先生关心中国学研究的全球推进，2016年，法兰西学院设立汪德迈中国学奖，实现了他的这一心愿。汪德迈中国学奖的主旨，是在世界范围内奖励研究中国文化取得公认成就的优秀学者，目前已颁发两届。

汪德迈先生热心推动中法高等教育事业的交流，与中国教育部国家重点高校建立了长期的学术联系。自 20 世纪晚期至今，他曾多次到北京大学访问和讲学，与汤一介和乐黛云教授夫妇结下了深厚的学术友谊。2016 年，北京师范大学跨文化研究院成立，汪德迈先生此后每年一度来到北京，为北京师范大学跨文化学研究生国际课程班亲自授课，连续五年，不曾间断。他所阐释的中国文化和中国社会令中国人信服，他的授课给中国研究生留下了极为深刻的印象。《汪德迈全集》中的部分新著就出自汪德迈先生为这些讲座而专门撰写的讲稿，再经过补充和修订而成。

《汪德迈全集》在中国的出版，是法国阿尔多瓦大学文本与文化研究中心、北京师范大学跨文化研究院、敦和基金会与中国大百科全书出版社通力合作的结果。我们希望更多的中国学者和广大中文读者了解汪德迈中国学，推动中法学术交流。在《汪德迈全集》出版的同时和稍后，我们还会出版其他国家著名汉学家的著作，在更广泛的意义上，扩大汪德迈中国学的中国影响和国际影响，促进中国学术与世界学术进一步加强沟通和深化理解，这也应该是汪德迈先生本人和编者所共同期待的前景。

董晓萍　金丝燕

2020 年 3 月 2 日

北京—巴黎

目录

译者的话

［法］陈　彦

在国内日益深入的文化讨论中，汉字对于东方文化的影响利弊，虽受到众多作者的关注，但至今似乎还没有得到应有的重视。这一方面可能同我国目前语言学的发展状况有关，一方面大概也是由于“身在此山中”的缘故吧。同时，与此相关的一个问题——汉文化区域（或曰汉文化圈）——似乎也未受到足够的注意。在国外，尤其在日本，对汉字，汉字与汉文化圈、与现代化的关系的研究则一直不断，尤其是近年国际上关于世界经济重心向太平洋区域转移的讨论兴起之后，这一研究更有加强的趋势。在有着深厚汉学研究传统的法国汉学界，这一研究就展现了良好的势头。1986 年法国出版的汪德迈先生的《新汉文化圈》一书，便是一部较有代表性的著作。

汪德迈（Léon Vandermeersch）先生，1928 年生，法国著名汉学家。严格说来，称汪德迈先生为东方学学家更为合适，因为汪先生研究汉学从来未脱离东亚这个被他称为“汉文化圈”的大背景。正如作者在本书序言中所说：“无论是作为研究员，还是作为教师，我迄今为止的学术生涯是一半在东亚，一半在法国度过的。”

自 1950 年汪德迈先生从巴黎东方语言学院毕业到 1965 年他重返巴黎的整整 15 年中，汪德迈先生以法国远东研究院研究员身份先后在越南西贡大学、河内博物馆、日本京都大学人文科学研究所、香港大学等地任教和从事研究工作。在此期间，作者足迹遍及包括柬埔寨、朝鲜、缅甸、泰国、印度尼西亚、印度、斯里兰卡等东亚与南亚地区各国，对该地区进行了大量的实地考察，尤其是对东亚地区的文化的整体性与多样性获取了大量的感性认识并积累了大量的第一手材料。1965 年，汪德迈先生奉召回法国后，一直孜孜不倦地为研究、传播东亚、中国文化而辛勤工作。1966 年，汪先生奉命执教于法国南方埃克斯大学，在该校首创中文教学机构。1973 年至 1979 年，汪先生任巴黎第七大学中文教授，主持工作达 6 年之久，培养了关于中国与东亚研究的人才。1979 年后，汪先生任法国高等研究院研究员，直到 1989 年 12 月，他担任法国远东研究院院长，执掌这个法国唯一的东亚文明的综合研究机构的权柄。

汪德迈先生师承法国知名汉学大师戴密微等人的实证研究传统，治学谨严，其大半生贡献给了中国古代文化的研究考证。他于 1960 年出版的《河内路易菲诺博物馆铜镜考》和 1965 年出版的《法学的形成》两书，都是考证精细、论证缜密的专著。他的大部头的博士论文《王道》，分上、下两部，于

1977年与1980年分别出版，讨论中国古代制度典章、文化与家庭结构，是海外多年来少见的有功底的汉学著作。

《新汉文化圈》一书于1986年5月问世，正值国际上关于世界经济重心由大西洋地区向太平洋地区转移的讨论掀起高潮之时。该书从历史文化层面上深化了这一讨论。书一问世，旋即被译成日文，获得普遍好评。法国权威报纸《世界报》的一篇评论文章写道："将经济与政治的发展放到历史、文化的整体背景上去考察，是《新汉文化圈》一书的一个重大成功。通过这本书，汪德迈先生给我们指明了现代化并非只有西化一途。"这一点，大概就是汪先生多年在东亚生活和对东亚文化悉心研究的心得结晶以及他希望通过此书向他的"对远东情况了解甚少的同胞们"传达的信息吧。借此机会，译者也希望将这一信息传达给他的中国同胞们。

一

《新汉文化圈》从经济、政治、文化三个方面全面论述了汉文化区域各国和地区在第二次世界大战后如何清理历史的陈迹，医治战争的创伤，步入现代化的道路所走过的不同历程，其中尤以文化部分引人注目。这一部分所占篇幅近半，是本书的重心所在。所以我在此也从文化的角度谈此书的读后感。

所谓“新汉文化圈”，顾名思义，除长期受中国传统汉字文化影响的日本、朝鲜、越南等国外，还加上新近在世界经济舞台上崭露头角的一些国家和地区，如大部分为华人聚集的新加坡、中国的台湾和香港等。在作者看来，这一文化区域各国无论政治制度如何不同，经济发展水平怎样悬殊，但在历史上都属于中国文化的影响范围，尽管影响——用作者的话讲，叫作“汉化”——的程度有深有浅。在人类文明发展史上，这一地区曾长时间称雄于亚欧大陆东端，与印度教文化、伊斯兰教文化、基督教文化等区域并行不悖。同以上其他几个带有浓厚宗教色彩的文化区域不同，汉文化区域并无一个上帝或一个佛祖来作为其精神支柱，但这一文化区域所表现出来的内聚力并不比任何一个其他文化区域弱，为什么？照本书作者的意思，重要原因之一就是有一个共同的文字基础——汉字。

汉字为表意文字，但从世界历史上看，并非表意文字的唯一形式。发源于美索不达米亚平原及尼罗河流域的古苏美尔文字、古埃及文字等都属于表意文字。然而在历史发展的长河中，这些文字都无一例外地消亡了。只有中华民族的祖先独创的汉字留存使用至今而且日趋完善。文字史上的这种兴衰现象当然有其众多的复杂原因，但从文字本身应适应表达与交流思想的需要这一点来说，汉字的独存绝不是偶然的。

按照法国语言学家 A. 马尔蒂内（Martinet）的

理论，世界上的文字（文字是语言的书写符号）分为两种，一种以词素（比如一个汉字）为发音单元，一种以音素（一个音节）为发音单元；前者为表意文字，如汉字、古苏美尔文及古埃及文等，后者则为其他拼音文字。按照一般文字进化规律，以词素为发音单元的文字属于一种初级阶段的文字，它不能适应表达与记录日益丰富、精密的思想的需要，而最终将让位于拼音文字。一个显而易见的原因便是：对于任何一种拼音文字来说，只要具备几十个拼音字母，或者只需几百个音节就能表达任何复杂的思维过程。然而，表意文字则不同，它需要不断创造出大量的表意符号或曰词素来满足不断增长着的人类思维活动的需要。如古苏美尔文就已经拥有两千多个表意符号！这就造成了记忆与运用两方面的困难，尤其是人类还处于文化发展的童年时代，语言还停留在初级水平之时，这种困难便成为表意文字不可逾越的鸿沟，从而导致表意文字的衰亡。

然而，历史事实是，汉字毕竟留存下来了，它不仅越过了这一鸿沟，而且日益得到完善。这一点恐怕要归功于我们祖先智慧的“文言”。文言既区别于古人的“口语”，又区别于我们今天的“书面语”，是相对独立的语言系统（而非单纯记录口语的文字符号）。文言作为一种特殊的语言系统一直存在。至五四时期，由于不适应现代社会的需要而减少了使用，但它的历史功绩却是不容低估的，它使得汉字成为目前世界上唯一幸存的一种完整的表意文字系统。这不能不说是中华民族给人类文明作出的一大贡献。

汉字发展到今天，不仅克服了表意文字系统本身所固有的弊病，而且显示出其不可多得的优点。如《新汉文化圈》的作者所注意到的，汉语简洁明了的特点，就是同汉字是由甲骨文、金文到竹简再到书籍这样的演化过程不可分的。又如，同表意文字的性质直接相连的直观、形象，是汉字的又一重要特点。所谓“望文生义”便是这一特点的表现，而这一点是任何拼音文字都无法做到的。难怪汪德迈先生在本书中不无感慨地指出：“任何识汉字的读者，即使他没有受过任何专门训练而毫无西方科学技术方面的素养，在第一次遇到大肠杆菌病、热力学、对数……等术语时都可以发现这些术语与寄生虫学、物理、数学等的关系[①]。他绝不至于将比利港[②]同一个人混为一谈。”诚然，我们必须承认，汉字难写、难记、难发音，然而一旦闯过了初学的难关，掌握了一定数量的字词，则能够举一反三，触类旁通，从而化劣势为优势，不仅可以弥补为掌握它而耗费的功夫，而且可以赢得时间，加快吸收、消化新知识的速度。根据日本人的研究，现代科学技术信息能在日本得到迅速的传播，很受惠于汉字传达

① 上述术语的法文对应词分别为colibacilose，thermodynamique，logarithme，分别由希腊文与拉丁文两种词根结合演变而来，作者借以同中文的直观、明晰对比。

② 比利港，法文为Le Pirée，系雅典的港口。

语意的准确、清晰的特点。当然这更得力于日本人重视对于西方文化思想著述、科技文献等的翻译引进，这个传统甚至可以上溯至明治维新以前的“荷兰学派”。我们现在习以为常的“革命”“文明”“经济”等词不都是从日语中“拿来”的吗？

二

文字是写在器物上的语言，是思维的工具，它不可避免地要对思维过程发生影响。借助于汉字这一工具发展起来的汉文化成就无疑是辉煌的。文字又是思想的记录、文化的载体，有了汉字，汉文化才得以流传经久，光芒远布。

汉字大概于汉代起开始传入越南、朝鲜，并进而进入日本。由于当时这些国家都仅有语言（理解为口语）而无文字，汉字的输入适应了对文字的需求并大大推进了各国文明的进程。经过几个世纪的推广、改造、适应，汉字在上述国家扎下根来，并重重地染上了地方色彩。如日语中除了相当数量的“当用汉字”（1976 年“当用汉字”为 4520 字）外，其“片假名”是采用汉字的偏旁而成，“平假名”则采用了汉字的草书。在朝鲜，在李朝世宗公布其自创文字“谚文”（1446 年）以前，汉字一直是其官方文字，即使 1446 年后，汉字仍然继续流行，一直到现在的朝鲜文里仍保留着中文的发音及形态。汉字对越南的影响更深，汉字一直通行到 1918 年由法国殖民主义者在越南推行由耶稣会教士创设的拉丁化的“国语”为止。汉字的广泛采用，为中国古代各种思想向各国的传播提供了一个理想的通道，在一千多年的长时间内保证了汉文化源源不断地传人上述各国，成为这一地区占支配地位的文化形态。

回顾汉字及汉文化向外输出的历史，绝非出于“思古之幽情”，更不是陶醉于过去的光荣，而是想借以说明中国传统文化不仅影响着中国历史的进程，而且同汉文化区域各国和地区有着密切的关系。《新汉文化圈》的作者从东亚这一地区而非从中国一国出发研究汉文化，是有其独到之处的。这不仅仅是一个研究范围大小的问题，而且是为对传统文化进行重新考察提供了一个更为宽广，从而也更为深刻的视角。我们知道，随着西方殖民主义势力的东渐，亚洲汉文化区域各国和地区经受了极为不同的遭遇。尤其是第二次世界大战以来，各国在争取独立、振兴经济的历程中，选择了各自不同的道路。在这里，我们如果暂且撇开政治因素不谈，应该承认目前各国和地区经济上的差距是很大的。根据作者提供的数字（来自日本有关方面的统计资料），1962 年，日本人均产值为 623.7 美元，韩国为 87 美元，朝鲜为 120 美元，中国约 70 美元，新加坡 424.8 美元，中国香港 628 美元，中国台湾 162 美元。20 年后，1982 年，上述数字依次变为：日本 9008 美元，韩国 1672 美元，朝鲜 810 美元，中国 300 美元，新加坡 5302 美元，中国香港4980美元，中国台湾2334美元（根据香港《远东经济杂志》（Far Eastern Economic Review）的统计数字）。就是说，1962年日本人均产值较中国仅为9倍，较北朝鲜为5倍，比其他各国平均值为2倍。但20年后，此数字分别为30倍、10倍、2.5倍。在此期间，越南陷入战争直到1975年，随着战争结束、南北统一，经济也毫无起色。根据越南官方提供的材料推算，1975至1982年，越南的经济增长完全被人口增长抵消了，人均产值增长率等于零！事实是无情的。同处于一个文化区域内，何以经济发展水平会如此悬殊？经济发展速度会如此不同？当然我们可以说，这些国家及地区虽同属汉文化区域，但彼此情况仍然是十分不同的，“汉化”是相对的。但是以华人后裔为主的新加坡呢？同为一个中国的香港、台湾呢？同样，我们还可以设问：何以我国经济建设长期徘徊，而实行改革开放政策后，经济发展速度又显著加快呢？很显然，在这里一个国家经济的发展、现代化进程的快慢的关键并不在于文化因素。将文化与经济、政治等因素联系起来考虑，有助于我们在对传统文化重新考察时正确把握文化因素的地位。但这里绝非认为文化因素可有可无，无足轻重，相反，提出上述情况，是希望文化界能够重视在我国现代化的过程中，充分开掘文化的潜在活力。而正是在这一点上，我们的邻国——汉文化区域各国为我们提供了很好的参照系统。这里不仅有发达富国的例子——日本，其经济增长率领先于欧美各发达国家；也有经济萧条的典型——越南，世界上经济增长率最低的国家之一。

三

古老的汉文化是否还能适应我们今天重振中华，实现现代化的需要？应该怎样对它进行继承和扬弃？它究竟是一份珍贵的遗产，还是一副因袭的重担？综观国内外对这些问题的回答，可以发现一个十分有趣的现象：正当国内学术界讨论怎样从传统的泥沼中拔足出来，勇于吸收西方文化、建设新文化的同时，国外汉学界却因为被称为亚洲“四条小龙”的新加坡、中国香港、中国台湾、韩国在经济上的崛起，甚而近几年中国改革开放带来的经济发展的新速度而大谈汉文化传统对现代经济发展的巨大功力。《新汉文化圈》一书的作者认为，汉文化传统在人际关系上的准则是某种“社团主义”（communautarisme）而非个人主义；治理社会基于礼教而非法治，这同西方文化相比是利弊互见的。如西方的法律传统在管理经济等方面优于东方的礼教，但在调整人际关系上则稍逊东方一筹。举例来说，日本企业东方式——家庭式——的管理法，工人与企业同甘共苦、共渡难关的精神，使得日本在很大程度上避免了20世纪70年代世界经济危机的冲击。分布于世界各地的海外华人在多方面的成就为世所公认，是否得力于某种东方的传统精神？又如，中国在显微外科手术方面领先于世界，同中国传统的精细手工艺的发达之间有无承继关系？也许这一传统使得东方人没有发明机器，但一旦东方人吸收了这一发明后，就可能有新的创造。如日本人在微电子技术方面不就走在世界前列吗？作者的这些议论当然只是一家之言，见仁见智自有评说，但却为我们认识汉文化的特质增加了一条思考的路径。

当前，我国面临着如何缩小同西方工业发达国家之间差距的严峻课题。从文化的角度着眼，则是怎样处理中国文化与西方文化、传统文化与现代化的关系的问题。在大量引进与吸收西方文化的同时，如何充分开掘传统文化的潜力，从而建设现代中国的新文化，汉文化区域的各国和各地区的成败得失，为我们提供了不可多得的经验与教训。

1990 年 11 月 10 日

引　言

汉文化圈的昨天与今天

自史前时代起，亚洲东部便是人类文明发展的最重要的摇篮之一。诞生于此的悠久的中国文明不仅普照中国本土，而且光耀四邻。公元1世纪以来，这一文明的触角甚至冲破了地域的限制而向南伸展。正如我们分别称谓世界其他文明地区为印度教国家、伊斯兰教国家、拉丁语系国家一样，我们将这一亚洲地区称为汉文化国家。从人类学上讲，这一地区的人民同属蒙古人种，文化上也曾经先后次第地趋于同一。所谓“同文同种”的话曾广为流传。迄至中西文化撞击的近代，这一文化区域所表现出的内聚力一直十分强大，并有其鲜明的特点。它不同于印度教、伊斯兰教各国，其内聚力来自宗教的力量；它又不同于拉丁语系或盎格鲁—撒克逊语系各国，由共同的母语派生出各国的民族语言，这一区域的共同文化根基源自萌生于中国而通用于四邻的汉字。所谓汉文化圈，实际就是汉字的区域。汉文化圈的同一即“汉字”（符号 signes）的同一。这一文化现象曾使赴日本的罗兰·巴尔特[①]（Roland Bazthes，1915 ～ 1980 年）大为震惊。这个“符号”的亚洲是使其区别于亚洲其他文明区域的最显著的特点。

汉字非如我们欧洲的拼音文字，它是一种表意文字，或者说它不记录语言的发音而直接记录语言的意念（ideē）。这便是汉字作用如此之大的奥秘之所在。更确切地说，汉字跳过了第二语节——音位发音段，而直接在第一语节——意素水平上发音。

---

① 译者注：罗兰·巴尔特（Roland Bazthes），法国著名符号学家、文学评论家、法兰西学院教授。他的著名符号学著作之一《符号的帝国》（L’Empive des signes，1970）是以日本为研究对象的。

正如汉字可以用来记录中文一样，汉字也可用来记录任何其他语言，虽发音不同，但语义不变。从此意义上讲，用汉字来记录法语也并不比记录日语更为困难。汉字在发音上呈中性，而在词义上显示出凝练和集中的特点。从直接关系到意念组合的语义上讲，拼音文字呈中性，而汉字则具有较大的灵活性和衍射功能。这便是为什么汉字作用如此巨大，影响如此深广，并使得整个汉文化区域的思维传统都深深地打上了它的印记的缘故。

汉文化各民族不仅由于久远地使用汉字的传统受同一文化精神所熏陶而成为一体，而且它还有一个与众不同的物质文明上的特点，即筷子的使用。世界上除汉文化各国外，没有任何民族使用筷子。这一文化区域包括哪些国家和地区呢？[①] 当然是中国——目前处于分裂状态——香港、澳门、台湾和

① 原编者注：法文 pays 一词兼有“国家”“地区”二义，以下译文有的应作这双重解释。

那些受中国文明影响或曰为汉字所渗入的国家或地区：朝鲜和越南是政治殖民的结果，日本则为文化渗透的典型，还有新加坡，那是中国人口扩张所至。这些国家或地区的汉化程度是很不同的。从整体考虑，日本是汉化程度最高的，尽管它政治上从未为中国控制，而且自明治维新后受西方文明强大影响。较之日本，越南虽有近两千年的受中国管辖和作为中国的朝贡国的历史，但其汉化程度远不及日本，甚至都不及朝鲜。而长达一个世纪之久的法国殖民统治又使其中国文化传统被淡化。新近崭露头角的城邦国家新加坡，是唯一由东南亚华裔建立起来的政治实体，它的汉化仅仅是由于其人口有76%的华人这一事实。香港虽与广东——这个中国南方之省长期分离，且其上流社会又喜好英语成癖，但同新加坡一样，香港的广东色彩仍然根深蒂固。汉文化国家或地区之间的差异也是很大的，尤其是在政治制度上，更是各不相同：共产主义制度的北京，“民主自由制”的日本，或多或少带有武力色彩的民主政体台北、首尔、新加坡以及香港的陈旧的殖民体制。然而政治的差异丝毫不足以抵消这些国家和地区在生活方式、思维方法和社会关系等方面惊人的相似性。

这些相似性是否仅仅是历史遗留下来的传统的积淀并将随着历史的发展而归于消亡呢？

统计数字显示，汉文化各国和地区的发展速度也是十分接近的。如果我们比较除越南外的所有亚洲国家和地区自 1960 年至 1978 年间的年经济增长率的话，那么汉文化各国和地区恰好名列榜首[①]：

韩国	9.9%	巴基斯坦	4.8%
中国香港	9%	泰国	4.1%
中国台湾	6.2%	马来西亚	3.4%
新加坡	6%	斯里兰卡	3.4%

① 《日本·土地与人民》，东京：日制铁公司出版，1980，第 10 页。

续表

日本	6%	印度尼西	3.1%
朝鲜	5.4%	菲律宾	2.9%
中国大陆	4.9%	印度	1.5%

尽管有两位美国作者发现了这一情况，[①]但这一同步现象并没有引起人们的注意。原因是人们在进行经济分析时，只将处于同一发展水平上的国家和地区列在一起。比如，日本被列入经济合作与发展组织（OECD），同美国、联邦德国一起统计，中国台湾和韩国则被划入拉丁美洲国家，而中国内地则同印度放在一起计算。虽然从社会学的角度看，这一分类毫无道理，然而却无人提出质疑。我们在此要提出的仅仅是亚洲各新工业国何时赶上日本，中国何时成为一个强国的问题。当然这后一点似乎还十分遥远，中国目前甚至还没有达到新工业国的水平。

① 胡夫.R.考得（Hofheinz R. Calder），K.E.《东亚之优势》，纽约，1982。

上表显示的汉文化各国和地区的经济发展同步现象给我们提出了另一个问题：即汉文化各国和地区是否具有某种特殊的动力机制可以使这一古老的汉文化圈获得复兴呢？实现现代化是否一定要全盘西化以至于在几十年的短时间内洗刷掉两千年来的历史传统呢？

正是从这一前景出发，关于世界的优势将由保持了近 500 年之久的大西洋地区向太平洋地区转移的观点才真正显示其意义。这一新趋势使亚洲同其他地区，尤其是同美国的交往增多，然而面对这一转移并不是所有亚洲国家的反应都很敏锐，处于太平洋西部海岸的东南亚各国就表现平平，而汉文化各国和地区的重要性则日益凸显。

为了正确估价汉文化诸国和地区日益增强的重要性，还是让我们来看看日本经济企划厅提供的一组数字吧，这组数字显示了世界各类国家 1960 年和 1981 年两年的国民生产总值在世界生产中的比重。

由于这些数字是在将世界各国按社会学要求重新分类之后作出的，因而汉文化各国和地区在世界经济中的比重得以显示出来。①

	1960 年	1981 年
美国 + 加拿大	36	24.5
西欧	22	26.7
澳大利亚 + 新西兰	1.3	1.3
苏联 + 东欧	19.1	17.5
汉文化诸国和地区	8.3	15.9
亚洲其他各国（包括东南亚）	6.2（1.5）	5.9（1.3）
拉丁美洲	4.9	5.2
非洲	2.2	3

对上表要作几点说明：

首先，汉文化各国和地区生产增长的幅度是最大的，几乎翻了一番，而增长幅度仅次于汉文化各国和地区的西欧国家，只增长五分之一弱。

其次，亚洲其他各国和地区所占比重不仅十分

① 日本经济企划厅：《2000年的日本》，东京，1983，第42页。

微弱，而且呈负数增长，甚至单列的东南亚各国也不例外。

拉丁美洲各国则远远地被汉文化各国和地区甩在后面。

人们可能会反驳说，实际上只有日本对汉文化各国和地区在世界生产比重增长中作出了贡献。对此我们应认真分析，1960 年至 1970 年期间，日本在汉文化各国和地区的增长中所作贡献高达 68.4%，中国为 24.3%，其他各国和地区从 0.7%（新加坡）到 3%（韩国）不等。[①] 是的，经济强国日本在此区域的经济发展中起了火车头的作用，这恰恰说明将日本划入汉文化圈是正确的。正是日本的归入，使得这一划分更有意义，较之其他地区，汉文化圈经济更受惠于日本经济的发展。

① Hofheinz R. Calder, K.E.《东亚之优势》，纽约，1982，第 10 页。

按日本企划厅的推算，[1] 上表显示出来的增长趋势发展至21世纪初——2000年时，将为：

西欧	23.3
美国+加拿大	21.4
汉文化诸国和地区	19.1
苏联+东欧	16.9

这些数字说明，汉文化各国和地区经济比重很快就会同北美不相上下，然后将赶上西欧。让我们再来看看商业流通的情况吧！1980年，在汉文化诸国和地区创造的总额为15990亿美元的财富中，2200亿为出口数额，占总额的13.7%。[2] 这一数字不仅高于本年度世界平均出口额（11.5%），[3] 并且在总值和绝对值上高于美国出口额（2180亿）。[4]

① 《2000年的日本》，东京，1983，第42页。

② 《远东经济杂志年鉴》1961—1965，香港，1983，第6～9页。

③ 《2000年的日本》，东京，1983，第26页。

④ 《日本与世界统计》，东京，1982，第65页。

这就是新汉文化圈的分量。这难道还不足以说明应该对其特点重新进行考察吗？本书便企图从经济、政治、文化三个方面来考察新汉文化圈的特点。

第一部

经济

第一章

独特的增长活力

整个说来，汉文化圈各国和地区的经济是很不平衡的。请看下列由《远东经济杂志》所提供的，[1] 1982 年除越南（越南情况特殊，我们下文论述）外的各国和地区人均国民生产总值（香港按人均国内生产总值〔GDP〕计算），按当年美元计算：

日本	新加坡	中国香港	中国台湾	韩国	朝鲜	中国大陆
9008	5302	4980	2334	1671	810	300

这里是一幅对比鲜明的画图，日本以其财富而位居榜首，中国则屈居末座。

① 《远东经济杂志年鉴》，香港，1984，第 6 ～ 7 页。

造成这一差异的首要原因是汉文化各国和地区起步有先有后。日本起步于19世纪70年代明治维新，中国则起于20世纪50年代，晚于日本75年。根据A.费尔威克（A·Feaerwerker）的估算，1952年以前，中国人均国民生产总值几无变动。按人民币不变价格（1957年）计算，中国1912年人均国民生产总值为113元，1933年为125元，1952年为115元。[①] 中国香港的经济起飞始于上世纪50年代，其他汉文化国家和地区相继跟上。中国台湾开始于其岛内政权稳定之后，即20世纪50年代中期；朝鲜由于战争而推迟了经济建设；新加坡的起飞则要等到1959年李光耀政权建立之后；韩国则迟至朴正熙总统任期之初，即1961年5月16日革命以后。

1962年，汉文化各国和地区经济起飞阶段都已结束，将此时的经济形势同1982年相比一下，也许有助于我们理解这一区域的整个经济发展态势。下

① 《亚洲经济旬报》，东京，1984年9月上旬，第17页。

面即为当时按当年美元价格计算的各国和地区人均国民生产总值：

日本[①]	新加坡[②]	中国香港	中国台湾	韩国[③]	朝鲜[④]	中国大陆[⑤]
623.7	424.8	628	162	87	120	± 70

20 年的时间，差距大幅拉大了。1962 年日本人均国民生产总值仅为中国大陆的 9 倍，为朝鲜的 5 倍，为其他各国和地区——新加坡、中国香港、中国台湾、韩国——平均值的 2 倍；1982 年，日本人均产值成为中国大陆的 30 倍，朝鲜的 10 倍，其他各国和地区平均值的 2.5 倍。即使由于通货膨胀因

① 日本《经济要览》，东京，1983，第 14 页。

② 《远东经济杂志年鉴》，香港，1963，第 207 页。

③ 三谷静夫：《韩国》，东京，1981，第 150 页。

④ 环太平洋问题研究所：《南北朝鲜总览》第 1 卷，东京，1984，第 346 页。

⑤ 谷口规雄、须藤正亲：《中国：国家与市场》，东京，1983，第 25 页：1962 年中国国民生产总值缺，但有 1955 年：49 美元；1965 年：78 美元。

素使差距有所加大，而产值又是按当年美元价格计算的，但差距仍然是实实在在的。显而易见，增长率的不同，带来了差距的扩大；这是否说明各国和地区不同的增长率会长此以往，无限延续呢？如果这样认为，至少是一种错觉，它掩盖了汉文化各国和地区经济增长的内在机制，使我们看不清汉文化圈经济发展活力的一致性。目前，日本已经成为世界上的一流国家，认为它将继续保持 1950 年至 1978 年的高速增长已不客观；但日本的增长基数一定高于中国，而且在短时间内不会被汉文化圈其他较小国家和地区所超过，仍然是十分普遍的看法。然而，这正是我们要提出讨论的问题。

实质上，汉文化圈各国和地区目前形势同工业革命时的西方十分相似。其时，英国率先起步，有着不同差距的欧美各国，如法国、德国、美国等，相继跟上。不同的是，此二者处于两个完全不同的发展阶段。在西方，按照大略一致的增长速度，在起步较早的国家达到了当时科学技术所规定的工业化程度之后，其他起步较晚的国家也随之赶了上来。而在当今的远东，日本先行，其他汉文化国家和地区依次而上的，像18世纪末英国工业革命时的西方式的连续剧，将不会重演。这是一个赶超的时代，一个在前工业时代至少同西方一样先进、并有自己独特的文化个性的东方，在吸取西方先进科学技术基础上赶超西方的时代。十分明显，这种赶超具有自己的特点，同西方工业革命时各国情况完全不同。其实，日本赶超西方国家的历史已经显示了这一特点，而日本已经走完的路，正好是现在其他国家和地区在走的路。我们下面将从两个侧面来看看日本的发展线路，并探讨怎样从这一同样的角度来观察其他汉文化国家和地区。本章将论述第一个侧面即经济增长活力；下章论述第二个侧面即发展结构。

在今天所有发达国家中，日本经济增长速度是最快的。S. 库尼兹（Kuznetz）估计，从1875～1879年至 1963 ～ 1967 年间，日本国民生产总值以每 10 年 48.3％的比例递增，如果加上人口增长因素，每 10 年人均国民生产总值则以 32.3％增长。按同一数字来源，工业革命初期 1765 ～ 1785 年至 1963 ～ 1967 年间，英国国民生产总值按每 10 年 23.7％的比例增长（人均产值每年增长 3.2％）；1831 ～ 1840 年至 1963 ～ 1966 年间法国每 10 年经济增长 21.8％（人均产值每年增长 5.8％）；德国从 1850 ～ 1859 年至 1963 ～ 1967 年间每 10 年增长 31％（人均产值每年增长 5.4％）；美国从 1834 ～ 1843 年至 1963 ～ 1967 年间，每 10 年经济增长率则为 42.4％（人均每年 5％）。[①] 总之，日本，当今世界第二大强国，名列联邦德国之前，仅次于美国，取得了两倍于欧洲诸国的发展速度，甚至超过了由各种额外资源滋补起来的美国的发展速度。

---

① 上述数字一律见［日］吉原 K.《日本经济发展简介》，牛津、纽约、墨尔本、东京：牛津大学出版社，1979，第 32 页。

然而，正如大川一司所指出的，日本经济增长的最显著的特点，是由增长率稍低的阶段间隔开来的逐级加速的周期性增长模式，这一增长模式，有别于任何发达国家的发展轨道。第一周期从 1887 年至 1897 年，年增长率为 3.21%，是其真正的起飞时期；1904 年到 1919 年为第二周期，年增长率为 3.30%；第三周期从 1930 年至 1938 年，增长率为 4.88%；第四周期即最后周期，从 1953 年至 1969 年，年增长率为 9.56%。增长率较低的周期虽然比上述周期增长略慢，但仍然保持较好势头：1897 ～ 1904 年间年增长率为 1.83%，1919 ～ 1930 年间为 2.40%，只有第二次世界大战及其祸及的 1938 年至 1953 年例外，年增长率为 0.58%。①

这一加速增长的决定因素即是通过大量引进先进技术而来的“后来发展优势”。这一优势具有良性

---

① 大川一司，K.《日本经济发展模式，一个定量评价》，纽黑文，伦敦，1979，第 10 页。

循环的特点，先进技术的引进使生产能力得到增强和改善，而后者又使前者的能力得到加强，从而使优势能够得到更好的发挥。迄今为止，世界上还无其他国家在利用这一优势上能与汉文化诸国匹敌。

那么，参照日本经济增长情况，我们应该怎样解释这一地区最重要的国家——中国呢？而解释中国的情况又可以使我们解释其他汉文化各国和地区有了参照系。

首先，中国的经济增长应从1952年开始算起，因为中国内地的最初三年仅仅使经济恢复至战前水平。这一阶段不能同日本当今即最后增长周期相比，而应该同日本明治维新后的第一增长周期相比。中国1952年的水平甚至低于日本1870年的水平。1950年中国人均国民生产总值为28美元（按当时美元估计），1955年为49美元，1965年为78美元。[①] 然而，

① 谷口规雄、须藤正亲：《中国：国家与市场》，东京，1983，第25页。

根据库尼兹的计算，1874 年至 1879 年间，日本人均产值为 74 美元（按 1965 年美元价格计算），这一估计可能还应向上浮动一些，因为按照大川一司的推算，10 年以后即 1887 年，日本人均产值已达 172 美元（仍以 1965 年美元价格算）。请注意，工业革命时西方各国起飞时的经济条件远为优越，库尼兹估计当时各国人均产值以 200 美元到 300 美元不等（同样按 1965 年美元价格）。[①]

明治时代的日本增长率为 3.2% 至 3.3%，那么中国 30 年来的经济增长情况如何呢?

从 1949 年至 1982 年，中国人口从 5.41 亿增至 10.15 亿，增长了 87.6%，而日本从 1872 年至 1905 年人口从 3400 万增至 4600 万，增长了 35%，[②] 远比

① 大川一司，K.《日本经济发展模式，一个定量评价》，纽黑文，伦敦，1979，第 7 页。

② 人口统计数参见国家统计局《中国统计年鉴 1986 年》关于中国部分。大川一司，K.《日本经济发展模式，一个定量评价》，纽黑文，伦敦，1979，关于日本部分。

中国低。而根据世界银行的数据，中国人均产值于1981年达300美元（时价）①，这即是说中国实际人均产值增长率介于4%～5%之间（按《远东经济杂志》1960～1978年为4.9%）②，远高于日本明治时代的水平。

当然，中国官方统计系统不计国民生产总值，社会主义经济中一般通行的是社会总产值或社会净产值——国民收入的计算方法。这就需要重新进行推算，实际上这项工作中国人自己已经开始做了几年了。同时以美元计价更增加了数字的不准确性，而且中国价格体系一向与国际价格体系脱钩。那么我们现以一个中国统计指数——工农业总产值来进行计算。按不变价格计，中国工农业总产值从1952年指数为100，上升到1982年指数1033，即平均年增

① 《世界银行地图集》，华盛顿，1983。《远东经济杂志年鉴》1961—1965，香港，1984，第6页。

② 《远东经济杂志年鉴》1961—1965。香港，1980，第10页。

长率为 8.38%。[1] 虽然这一增长曲线由于计划失误而经常剧烈波动，但多年来这一曲线下跌成负数增长仅有两次，即 1961 ～ 1962 年（负数增长率为 44%，大跃进期间增长率为 32%）和 1967 ～ 1968 年“文化大革命”高潮时期（负数增长率为 10%）。[2] 其他 26 年，这一曲线始终保持增长趋势。虽然国民生产总值与工农业生产总值很难直接相比，但这一指数仍然证实了中国的第一发展周期较日本增长率为高。

上述事实还可以用中国在 30 年来所达到的物质生产能力与日本达到这一能力所花的时间这一指标来加以证实。再加上能源消耗的情况，我们即得到下列图表：

此表显示，在 1982 年，中国经济发展 30 年后，已差不多达到了日本花了 60 年于 1933 年所达到的

① 国家统计局《中国统计年鉴 1986 年》，北京：中国统计出版社，1986，第 17 页。

② 国家统计局《中国统计年鉴 1986 年》，北京：中国统计出版社，1986，第 18 页。

水准。[1]

	中国 1982 年人均生产	日本同一人均生产量的年度
能源（消费）	4.3 百万（千卡）	1933
电（生产）	327.7 千瓦	1933
棉纱	3.354 公斤	1905
棉布	15.35 米	1910
纸及纸板	5.89 公斤	1915
硫酸	8.175 公斤	1925
碱	1.735 公斤	1933
化学纤维	0.517 公斤	1932
机床	1 / 4781（1977）	1936
钢	37.16 公斤	1938
水泥	95.2 公斤	1942
塑料	1 公斤	1955

① 关于中国的数字是根据《中国统计年鉴 1986 年》发表的数据计算的，日本方面的数据，见日本经济企划厅《日本经济统计》1964。《明治百年史料》，东京，1966。《数字显示的一个世纪来的日本》，东京，1981。

毫无疑问，中国较快的发展速度是受惠于时代的进步，20 世纪下半叶世界的技术水平远较 19 世纪下半叶日本经济启动时的水平为先进。日本在 1955 年就已经达到了中国在 1982 年才达到的塑料生产水平，这便是一个很好的说明。塑料作为一种新型材料仅出现于第二次世界大战之后，在此之前，日本当然不能生产。相反，在纺织品和纸张等的生产方面，技术进步的影响没有如在钢铁领域里那样巨大，中国在这些方面的发展速度便同日本基本一致。总起来看，我们应该承认这一点，尽管中国遭受了太多的，也许是不可避免的失误，中国仍向人们显示了其同日本一样的利用后来发展优势的能力。

中国经济发展是不平衡的——1979 年上海人均生产总值为 1590 美元，北京为 1000 美元，浙江 268 美元，四川 200 美元[①]——但中国的发展速度仍然

① 《中国总览》，东京，1982，第 246 页。

是十分惊人的。这一点是对20世纪50～60年代或70～80年代的中国有所了解的人所共睹的，只要他不是透过消费社会的变形滤色镜来看中国。

1981年，中国人均产值为300美元，按照世界银行的分类，中国应列为低收入国家（1980年人均产值为250美元上下的国家），远远低于中等收入国家（人均产值1580美元）[1]。在140个国家里，中国为第120位，位居埃及之后，印度之前，与巴基斯坦和坦桑尼亚为邻。然而凭理而论，应该将中国特殊对待。中国微不足道的房租、低廉的公共服务收费和便宜的食品等因素都使以美元计价的中国人均产值远远低于其实际产值。中国经济水平虽远远低于各新工业国家，但应该大大高出上述数字所显示的人均产值。下列迹象可以为证。第一，国民生产总值中工业产值比重已达40%（1983年占社会总

① 香港《大公报》，1984年10月11日。

产值的55.1%）；第二，人口平均寿命已达68岁；第三，教育水平。1983年，适龄儿童入学率已达94%[①]（1949年仅为20%[②]。这一水平仍然赶不上日本明治初年，其时半数的男童和十分之一的女童已可接受3～4年的教育）[③]。最后，中国在尖端技术上有重大突破。自1964年第一颗原子弹试验成功后，它继而掌握了氢弹技术，并具备了从潜艇上发射洲际导弹和发射地球同步卫星的能力。它还独立自主地研制了精良的高能物理实验研究装备。

现在让我们来观察远东的那些新工业国家和地区：被誉为“四条小龙”的中国台湾、韩国、中国香港和新加坡。这些级别不同的经济增长冠军，经过短期的启动阶段，使增长率很快达到日本最后增

---

① 香港《大公报》，1984年4月1日。

② 香港《大公报》，1984年9月23日。

③ Sugimoto, M.《传统日本的科学与文化》，剑桥麻省，1978，第295页。

长周期的水平：

中国台湾——1953～1980年，年增长率9%[①]；

韩国——1961～1981年，年增长率8.3%[②]；

中国香港——1960～1970年，年增长率7.54%，1970～1980年，年增长率7.03%（按净产值计算）[③]；

新加坡——1960～1970年，年增长率6.75%[④]，1970～1980年，年增长率7.4%[⑤]。

让我们比较一下，1953年至1980年，发展中国家平均年增长率为5.2%，发达国家为4%。

在西方或在远东，“四条小龙”的腾飞一时成为论证资本主义大大优越于集体主义的意识形态的工具。而北京则针锋相对地并非无道理地提醒人们，

---

① 《中国总览》，东京，1982，第468页。

② 《朝鲜年鉴》，汉城，1982，第182页。

③ Cheng, Y.S.《八十年代的香港》，香港，1982，第84页。

④ 此百分比根据 Balassa, Bela A.《半工业经济发展战略》巴尔的摩与伦敦，1982，（世界银行发行）第298页提供的数据计算。

⑤ 《合作与发展》，巴黎，1982，第282页。

台北“领导人”既未曾遇到北京所遇到的那样的问题，而且所谓经济成就也不值一谈。事实上，只要一个民族不处于无政府状态，能源与文化传统则较意识形态重要得多。在解决了政府问题（哪怕是有些过头）之后，对远东的这些新工业国家和地区来说，所要克服的困难，则是一个较之中国大陆、甚至日本范围小得多的困难。这当然不含任何贬低这些国家和地区的领导层的意思。韩国目前人口仅为日本人口的三分之一（1983 年为 4130 万），中国台湾还不到韩国人口的一半（1982 年台湾人口为 1850 万），而中国香港或新加坡仅仅只相当于上海的一半或四分之一。[①] 这一惰性系数远低于中国大陆或日本的经济特点使它们能够快速启动并很快进入高速增长阶段。当然这里投资和需求缺一不可。除了地域狭小的优势之外，这些新工业国家和地区还有一点

---

① 此处所述各国和地区的人口与面积数字均见《远东经济杂志年鉴》，1961……1965，香港。

与中国和日本不同，即他们的经济高速发展得到了巨额的外资援助。

对开放持强烈敌视态度的日本公众舆论曾使日本在引进外资方面畏首畏尾。明治政府在收回旧佐贺藩的高岛煤矿时，同时宣布废除地方政府与英国签署的共同开发条约。中日战争前，日本只在国外进行了一次规模较大的工业债券发放，即 1870 年在伦敦市场上发行的利率为 9% 的债券，获得 478.24 万日元的资金。中日战争使日本获得了 3.65 亿日元的巨额战争赔款（战争耗费估计为 2.25 亿日元）。但是对俄战争的胜利却未获得任何赔偿，尽管此次战争耗资远较中日战争为大。仅仅是从此时开始，日本政府才不得不开始向外借贷。1914 年，日本外债达到顶峰，然而也不过 11.39 亿日元，几乎不到其国民生产总值（47.38 亿日元）[①] 的四分之一。

① Dhaza, K.《明治时代日本贸易与工业》，东京，1957，第 397 ～ 401 页。

中国的情况则远比日本为甚。1979 年以前，中国仅有 3 亿美元（当时价格）的外债，并主要是在 20 世纪 50 年代初期借于苏联的。而这些外债到 1968 年已彻底还清。[①]

以此为参照，让我们来看看韩国与中国台湾的外资的比重。首先，美国无偿援助。美国对韩国的纯经济援助（不包括军事援助）从 1953 年至 1963 年达 29.44 亿美元（1946 年至 1976 年的援助总额为 56 亿美元），占其国民生产总值的 13.4%，域内总投资的 95.9%。美对台经济援助始于 1951 年，终于 1965 年，其中 1953 年至 1963 年（与上述韩国同一时期）援助额为 14.82 亿美元，占生产总值的 7%，域内总投资的 38.1%。[②] 在此基础上，还有大量外债和外来投资。韩国和中国台湾在利用外资方面，政策各有侧

---

① 日中合编《现代中国经济事典》，东京，1982，第 621 页。

② Hsiao, H.H.M.《台湾与韩国政府之农业战略》，台北，1981，第 175 页，第 195 ～ 198 页。

重。韩国较注重对外借贷，而台湾则主要采取吸引外资的政策（主要对象为海外华人和美国投资者）。先看看韩国的借贷情况。1959 年到 1981 年，流入韩国的外国贷款共达 270 亿美元[①]，而按照世界银行的正式材料，1984 年韩国债台高筑，达 400 亿美元之巨[②]，占其生产总值的55%[③]。至于中国台湾，1949年从大陆移入的资本，虽尚无法用数字统计，但实际上不可忽视。台湾的外债数额，一直被视为机密而未正式公布。按国际专家估计，虽 70 年代台湾已开始偿还外债，但到1982年仍达60亿美元[④]，占产值的7.8%[⑤]，

① 环太平洋问题研究所《南北朝鲜总览》，第 1 卷，东京，1984，第 168 页。

② 《朝鲜新闻》（汉城）1984 年 7 月 24 日，第 11 页。

③ 1983 年国民生产总值为 580,000 亿朝鲜元。《远东经济杂志》，香港，1984 年 7 月 19 日，第 43 ～ 44 页。

④ 《远东经济杂志年鉴》1961……1965，香港，1983，第 261 页。

⑤ 1982 年国民生产总值为 467 亿美元。《远东经济杂志年鉴》1961……1965，香港，1985，第 7 页。

外国投资在 1952 年至 1982 年期间为 35 亿美元①。

香港与新加坡的经济发展首先得力于中国移民中富裕阶层的投资，然而这一投资的比重无法数量化，比如香港纺织业即是完全由上海实业界巨头们创立的②。新加坡更是大力鼓励外来投资，1981 年，新加坡国民生产总值为 240 亿美元③，而外来投资即达41.8亿之多④，其中美国占29.5%，英国占16.3%，荷兰占 16.2%，日本占 15.8%。

1977 年狮城（新加坡意为狮之城市）的 73%的制造业，54%的就业，84%的出口是由外国企业实现的，即是说，外国资本的贡献至少占50%⑤。香港

---

① 《台湾总览》，东京，1983，第 234 ～ 237 页。

② Youngson, A.J.《香港经济的增长与政策》，牛津：牛津大学出版社，1982，第 11 页。

③ 《远东经济杂志年鉴》1961……1965，香港，1982，第 7 页。

④ 《新加坡》，东京，1981，第 114 ～ 120 页。

⑤ 《新加坡》，东京，1981，第 117 页。

的外来资本相对少一些。1982 年为 11.3 亿元港币[①]（域内生产总值为 40.09 亿元[②]）。然而在 1978 年，香港域内生产总值的 20%是由金融业创造的（同年新加坡金融业创值 14%）[③]。截至 1983 年 9 月底，香港银行里的 300 亿美元的巨额资本有相当一部分来自海外，特别是东南亚华人。[④]

这四条小龙受惠于其地域的狭窄和海外投资的踊跃。这不是贬低它们的成功，而是借以强调其经济的高速发展实有赖于这两个至为重要的条件。在此我们再次指出，同意识形态争执中的极端断言相反，一般说来，无论在何种体制下，汉文化

① 《香港经济年鉴》1983 年，第 6 ～ 98 页。

② 《远东经济杂志年鉴》1961……1965，香港，1984，第 7 页。域内生产总值为 259 亿美元，根据《远东经济杂志年鉴》1961……1965，香港，1983，第 4 页。根据此资料提供的汇率折换成港元。

③ Cheng, Y.S.《八十年代的香港》，香港，1982 年第 40 期，第 79 页。

④ 《七十年代》，香港，1985 年 7 月，第 55 页。

氛围于经济发展是十分有利的。当然我们必须排除掉像当年脆弱的南京政府、“文革”中极“左”思潮的泛滥，以及日本极右势力横行时的那一类极端情况的发生。

地域更加狭小却无外国投资之利的朝鲜，给我们提供了一个介于中国与远东新工业国之间的典型。无可争辩，朝鲜自身还有许多值得进一步完善的地方，然而朝鲜的经济成就仍然是令人瞩目的。朝鲜的人口出生率为本地区最低的（1983 年其人口为 1900 万，面积为 12.3 万平方公里，多山地）[①]，它拥有十分丰富的煤、铁和多种非金属矿藏，它唯一的外援是中国提供的，由于中国本身能力所致，这一经援当然十分有限。主体思想加强了朝鲜自给自足经济倾向。平壤领导人曾拒绝了在社会主义阵营内部进行劳动分工的主张。这一行动实际意味着放弃

① 《远东经济杂志年鉴》1961……1965，香港，1984，第 6 页。

苏联援助，独立自主地建设自己的工业体系。它成功了，它现在可以自行制造火车头、推土机和船舶[①]。由于信息封闭，我们无法准确地推算出其增长率。根据日本专家的估计，1962 年其人均产值为 120 美元[②]，据朝鲜官方提供的数字，1979 年其人均产值为 1920 美元，韩国则估计为 810 美元[③]。在朝鲜战争后的 30 年中，朝鲜年增长率应该在 5%～7%之间。

越南是唯一一个与汉文化圈增长活力不协调的反面例子。随着 1975 年越战结束，南北统一，越南理应开始其经济起飞，然而经济却仍陷入停顿。根据越南官方统计年鉴提供的数字，1975 年，“按照联合国的方法计算的国民总收入”，为 46.82 亿美元，

① 《远东经济杂志》，香港，1984 年 2 月 2 日，第 24 页。

② 环太平洋问题研究所《南北朝鲜总览》，第 1 卷，东京，1984，第 345 页。

③ 《远东经济杂志》，香港，1984 年 2 月 2 日，第 24 页。

1982年为55.58亿美元[①]，年增长率为2.6%，是世界上增长率最低的国家之一。更有甚者，这一增长甚至完全被人口增长抵消了。据同一越南官方材料，在同一期间，越南人口从4760万上升至5610万[②]，人均收入几乎没有动，从1975年的98美元上升为1982年的99美元[③]。《远东经济杂志》估计越南人均产值1982年与1983年完全一样，均为160美元[④]。即是说，越南较中国还要贫穷一倍以上。如果将其同朝鲜相比，相似点尤多，意义也就更明显。请看朝鲜1975～1976年和越南1982年的一组关于工农业生产的数字：

① 《有目标的合作》，法越文件，巴黎，1985，第263页。
② 《有目标的合作》，法越文件，巴黎，1985，第262页。
③ 《有目标的合作》，法越文件，巴黎，1985，第263页。
④ 《远东经济杂志年鉴》1961……1965，香港，1983与1984，第7页。

	朝鲜[1]1975～1976年	越南[2]1982年
电力生产（十亿千瓦）	28	4
煤（百万吨）	50	6.1
钢（百万吨）	3.3	0.047
水利（百万吨）	6.8	0.71
化肥（百万吨）	3	0.224
布（百万米）	600	223
纸（亿吨）	141	52.6

从上表我们可以看出，尽管在时间上有10年的差距，而且越南面积还比朝鲜大2.5倍，越南仍然远远地落后于朝鲜。而且在煤炭产量上，越南也比朝鲜低8倍，尽管在越南北方有着极其丰富的易采的高品位的露天煤矿。河内政府一直在强调1979年中越冲突所造成的惨重破坏和军事占领柬埔寨的巨大耗费而使越南经济陷入瘫痪，那么就让我们来

① 《朝鲜民主主义人民共和国》，东京，1983，第23页。

② 〔77乙〕P.264—265。

看看 1979 年以前的情况。据越南官方数字，越南 1975 ～ 1978 年国民总收入情况变化如下（以当年越币百万盾为单位计算）[1]：

1975 年	18258
1976 年	19901
1977 年	20305
1978 年	20742

按此计算的年平均增长率虽勉强达 4.35%，但又基本上为通货膨胀抵消了。战争刚刚结束，百废待举，起点极低的国民经济竟然没有出现大的跃进。中国从 1949 到 1952 年期间，尽管参加了朝鲜战争，国民收入仍以 18% 的年增长率上升[2]。板门店停战后的第一个三年计划期间，朝鲜国民生产总值提高 2.8

① 《中国总览（1982 年版）》，东京，1982，第 562 页。

② 国家统计局《中国统计年鉴 1986 年》，北京：中国统计出版社，1986，第 22 ～ 23 页。

倍[①]。甚至在李承晚统治下，管理极为混乱的韩国从1954到1957年间年增长率也达到5.5%（以朝鲜圆不变价格计）。[②]

然而，在与中国断绝关系之前（1978年6月），从1975到1978年间，越南的确享有一个安定和平的国际环境。那么它是否缺乏外援呢？并非如此。在第二个五年计划期间，河内从社会主义及非社会主义国家和一些国际组织接收了总额相当于90亿美元[③]的援助，即是说越南每年每人平均接受外援35美元。这一援助金额甚至超过了20年前的台湾和韩国接受美国无偿援助的水平，其时台湾人均年均9.7美元，韩国11.4美元。[④]

---

① 日本环太平洋问题研究所《南北朝鲜总览》，第1卷，东京，1984，第75页。

② 《朝鲜年鉴》，汉城，1982，第86页。

③ 《东南亚要览》，东京，1983，第I～27页。

④ Hsiao, H.H.M.《台湾与韩国政府之农业战略》，台北，1981，第198页。

越南的重建是一个不折不扣的失败。这一事实给我们认识随着经济失败接踵而至的越南侵柬提供了一把钥匙。越南侵略柬埔寨这一行动正好提供了一个转移政治方向的可能性。河内领导人已经意识到在长期的革命战争终于取得光辉胜利之后，他们正在断送和平和建设。

越南最终能否实现其经济起飞？至少在南北统一 10 年后的今天，我们还没有看到任何经济复苏的先兆。这使得越南成为汉文化圈诸国中的一个完全例外的典型。

第二章

相同的发展结构

我们在上文已经看到，尽管汉文化各国和地区的条件不同，情况殊异，但都具有一种同样的经济增长活力，现在应该考察一下各国和地区发展结构中所包含的极为类似的基本成分：强大的国家干预、农业的基础作用，与重工业优先的体系。

明治维新时，日本既无足够的资金和私人企业，又缺乏进取精神，大商人也囿于传统而不屑于利用经济困难经商牟利。于是建设现代工业的任务不得不由政府来承担。政府控制并利用那些被充公的封建诸侯的工厂和矿业，在发展其军火工业的同时，也发展了一些现代制造业。然而这些新兴产业并不盈利。1880 年，因某些暂时困难，一些厂矿企业就轻易转手于私人实业家。当然从中获利的并非一般人，而是一些支持政府的大企业家，他们从此与政府结下了不解之缘。三井取得了新町和富冈的纺织厂，浅野总一郎得到了深川的水泥厂，西村胜三取得了品川的玻璃制造厂，三菱取得了长崎的造船厂、佐渡的金矿、生野的银矿，川崎正藏获得了兵库的造船厂，吉河市兵卫获得了阿仁和院内的银矿，佐佐木八郎获得了三池的煤矿，久原庄三郎获得了小坂的银矿……[1] 同时，国家除仍然直接控制着武器制造外，还掌握着工业的关键，即钢铁冶炼。在拍卖了创办于 1884 年的国家第一个现代钢铁厂金石钢铁厂后，政府又于 1901 年设立了国家公司——八幡制铁所。这一公司于 20 世纪上半叶在整个日本钢铁企业中一直占统治地位。1913 年其产量占国家钢

---

① 《角川日本史辞典》，东京，1980，第 227 页。

铁总产量的84%[1]。对非国家控制的部门，政府则通过财阀的形式去支持其发展。按照这种形式，国家力量与经济势力紧密结合，而劳动者的公民权则被极端忽视。1945年战败后，美国强令日本大大减弱国家力量并废除财阀制度。然而，这一战前国家主义与自由主义结合而产生的变态制度，却导引出世界上唯一的企业和平归并一体化的体制，这一体制建立在全新的技术之上（纯技术的等级制代替了家庭封建制），并由以著名的通商产业省为代表的行政机构管理，这即是所谓日本"株式会社"，它是与西方极为不同的日本式的自由主义经济体制。简言之，日本现代化的历史包括三个阶段：国家资本主义阶段，半国家半资本主义的独裁阶段，最后，强烈诱导性的达到共识的指令主义阶段。

在汉文化圈里的四个新工业国家和地区中，有三

① Dourille, E.《1952年以来的世界钢铁冶炼业》，巴黎，1981，第16页。

个（中国香港因其殖民地地位，情况特殊）的经济发展是完全由最高行政机构引导的。中国台湾和韩国的经济计划是目前所知的资本主义制度下最为严格的，如果说新加坡——在 20 世纪 60 年代的两个五年计划后（第三个即十年计划仅仅在 1981 年才实行[①]）——的经济计划性不太强的话，那么它的国家干涉主义的重要作用，主要表现在其一系列经济法规和行政机构的创设上。1959 年颁布了三项法令："先驱产业助成法""产业扩大助成法"和"制造工业统制法"。1961 年创设了"经济开发厅"[②]。然后又有"住宅开发厅"、"都市公司"，以及一系列基金，如"中央节约基金"、"技能开发基金"等的设立。它的一整套严密的经济法规的特点是突出生产性而不是社会性。再看看中国台湾，1956 年台湾有 51%的公有企业，

① 《东南亚要览 1983 年》，东京，1983，第Ⅵ 10 页。

② Balassa, Bela A.《半工业经济发展战略》，巴尔的摩与伦敦，1982，（世界银行发行），第 281 页。

1982 年，公有企业比重降为 17.8%，然而政府控制了钢铁、石化、造船、石油与天然气开采等部门的最大企业，还有那些公共福利部门和一些大的集团等也归政府所有[①]。在韩国，一些最重要的工业部门的起飞也是靠国有企业来完成的，如 1950 年创设的“大韩造船公司”，1964 年创设的“大韩石油公司”，和 1968 年设立的“浦项制铁总厂”[②]。虽然韩国国家直接干预的行动规模小于中国台湾，但国家却完全掌握着金融业。国家不仅创办了所有专业银行，而且掌握着各商业银行的大部分股票。以其对金融信贷的全盘控制，国家可以娴熟地调节经济活动。韩国经济发展的活力来自其政府对经济活动的支配力，而这一支配力本身又主要来源于：1. 政府对金融业的控制；2. 朝鲜版的财阀制度。此制度不同于日本

① 《台湾总览》，东京，1983，第 188 页。

② 上述资料是在韩国通过李玉教授获得的。

之点是韩国财阀拥有自己独立的银行业。[1]

中国香港的特殊情况其实同我们上面所讲并不相悖。虽然香港殖民政府始终忠实地实行着一种不干涉政策[2]，然而对于殖民地的中国“臣民”(“臣民”一词应作最严格的限定）来说，这一不干涉政策是高高在上的。香港人只是被动地遵循着由英国人为自己利益而设立的经济体制，而从来没有被征询过意见。香港人没有像台湾、新加坡人一样创立自己的发展体制，他们必须利用创立于西方并扩展到亚洲这个英伦商埠的原有制度。香港人成功地建立起自己的工业体系，结束了香港仅仅是一个商业集散中心的历史。香港的超现代化的金融业已逐渐突破由苏格兰银行家率先创立的银行业体制。当香港回归中国的谈判正在进行之际，1984 年 3 月 28 日，

① 梅津和郎《韩国的财阀》，东京，1978。

② Youngson, A.J.《香港经济的增长与政策》，牛津：牛津大学出版社，1982，第 34 页。

吉尔丁斯（Jardines）银行宣布迁往百慕群岛，这曾被看作是香港未来信心危机的迹象。然而吉尔丁斯银行长期以来在香港已名存实亡。它的迁出香港已经酝酿多年，同政治风云无涉，完全是由其新上任的总裁西蒙·凯思威克（Simon Keswick）的领导路线所致。[①] 10 年来，是哪些银行在香港最为兴旺发达呢？ 13 家中国银行联合体！它们的分行数目从 43 增加至 193，远远超过宪章（Chartered）银行，成为香港第二大银行联合体。从 1975 年至 1979 年这家银行的存款增长了 33.6%，而香港存款平均增长仅为 21.8%，其借贷增长 40.9%，而平均增长则为 37.2%。1979 年当其一整套计算机系统开始运行后，1980 年其存款率又猛增 39%，其生意则日益扩展和多样化，中国银行香港分行还经常参加有各

① 《远东经济杂志》，香港，1984 年 3 月 15 日，第 111 ～ 117 页。

大跨国公司加入的借贷协会……[1]

不言而喻，社会主义国家为计划经济，然而同苏联方式相比，中国和朝鲜都有众多的独特做法。我们这里只指出中国的两次改革盛会：1978 年 12 月中共中央的十一届三中全会关于农业的决定和 1984 年 10 月十二届三中全会关于工业的决定。中国向生产责任制的转变，实际上是在集体主义条件下，所进行的一次与日本由国家资本主义向集权结构的私人企业体制转变的意义相同的变革。两者都是为了解决效益问题。无论在日本还是在中国，这一转变实际上都意味着，在经济有了一定发展之后，唯意志论的作用已经终止，当然这种唯意志论在扭转经济困难时鼓动人们的英雄气概是必须的。在越共 1979 年 12 月四届六中全会上，V. 温 · 吉特（Vo VanKiet）提出了一条相对自由的路线，这一路线又在 1982 年 3

① Cheng, Y.S.《八十年代的香港》，香港，1982，第 65 页。《远东经济杂志》，香港，1984 年 1 月 10 日，第 40 页。

月底的第五次代表大会上得到重申。然而这一路线体现的只是拟定计划者的无能，并不能扭转贫困的局面，这即是这条路线成效不大的原因[1]。

我们知道，在西方，工业革命是由农业作为保证的。所有汉文化国家和地区，除中国香港、新加坡无农业外，都本能地系统地企图利用农业来保证现代化的进行，并同时发展了农业。正是在此方面，其他发展中国家远远落在后面。

日本在19世纪的最后20年，按每个农业劳动力计算的农业生产年均增长率为1.5%。其耕地面积由1874年的463.8万公顷增长到1920年的599.8万公顷，增长29.3%。农业生产增长主要依赖于农业耕作技术的完善（肥料、灌溉、选种……）和劳动生产率的提高——如果以1880年指数为100，1920年指数则为228.8。这是一场真正的绿色革命，其影

① 《远东经济杂志》，香港，1983年5月26日，第97～99页。

响是多方面的。首先它在粮食供应方面维持基本价格不变的情况下较好地满足了新工业部门的需求。其次主要靠农业，在工业还不够发达的时候，通过丝和茶保证出口增长。国家的财政收入长期主要来源于农业税，1870年底为80%，1885年为70%强，1890年为60%，一直到1900年仍为30%。最后，是农业生产率的提高保证了农村劳动力顺利地向工业部门转移。①

在中国台湾地区与韩国，日本殖民行政体系曾大大促进了农业部门的发展。台湾1920年以前年增长率一直为2%～2.5%，此后，由于稻谷和甘蔗新品种的引进，化肥的使用和灌溉系统的发展，其年增长率甚至达到3.8%②。同样，朝鲜稻谷产量自

① Ohkawa, K.《日本经济发展模式，一个定量评价》，纽黑文、伦敦，1979，第91～92，316～317，387页。Takahashi, M.《明治复辟以来近代日本经济》，东京，1967，第61，70，79～80页。

② Hsiao, H.H.M.《台湾与韩国政府之农业战略》，台北，1981，第43页。

1910～1912年到1939～1941年几乎翻了一番。[1]然而，生产增长的受惠者既非朝鲜农民，又非台湾农民，而是垄断所有剩余产品的日本。在初期的10年，台湾地区施行的经济政策实际上是日本殖民体系的延续，即以农业生产为其初期工业化铺平道路，1952年，它的农业产品出口量占总出口量的87.4%，1955年占84.9%，1960年仍占59.3%，[2] 农业出口为引进设备，购买工业原料提供了相当一部分资金（其余由美国援助），加之台湾地区又利用不同的利率制拉平各出口者的利润，严格控制，从而促进了工业进口渠道的形成。以农业增长所得而满足工业化需要的代价是沉重的。1953年，农业家庭收入估计为非农业家庭收入的75%，而到1964年则降至

① Hsiao, H.H.M.《台湾与韩国政府之农业战略》，台北，1981，第72页。

② Balassa, Bela A.《半工业经济发展战略》，巴尔的摩与伦敦，1982（世界银行发行），第33页。

61%，1968年更降为58%，1969年甚至降至必需线以下。[①] 韩国政府实行同样的政策，1953年至1957年的五年计划在大力提高农产品产量的同时，完全牺牲农民利益以发展工业。为将米价固定在尽可能低的水平上，李承晚从美国定购剩余大米，自1958年至1962年共进口390.7万石（1石=180.5升），而估计其实粮食缺额仅为208.5万石[②]。韩国农民受到较中国台湾地区农民更为严重的压榨。1957年，农民收入不超过城市人口收入的58.3%，1958年为42.5%，而1960年甚至为33.4%。朴正熙总统任期之初，认识到此问题，农民情况有所好转，但农民收入自1966年又开始下降。从1966年为工人收入的80.6%降至1967年的60.1%，1968年微升，达到

① Hsiao, H.H.M.《台湾与韩国政府之农业战略》，台北，1981，第127页。

② Hsiao, H.H.M.《台湾与韩国政府之农业战略》，台北，1981，第238页。

62.7%，1969年65.3%。[1] 为解决这一问题，朴正熙总统于1971年发起了“新村运动”，这一集体化运动开始限于农民，后来发展到整个社会，它利用较经济的办法，发动农民通过义务劳动改善自己的生活环境。自此之后的10年中，13亿个义务劳动日分别在3.5万个居民点实现了1400万个改良计划。[2] 中国与此也相差无几……

朝鲜多山而且寒冷，历史上农业一直萎缩不前，可耕地仅为其国土面积的18%。[3] 即使如此，朝鲜的农业生产增长率仍是全球最快的国家之一。[4] 其20世纪50年代和60年代的粮食产量虽不可知，但

---

① Hsiao, H.H.M.《台湾与韩国政府之农业战略》，台北，1981，第85，91页。

② 《朝鲜年鉴》，汉城，1982，第186页。

③ 《远东经济杂志年鉴》1961……1965，香港，1985，第8页。

④ 后面数字参见环太平洋问题研究所《南北朝鲜总览》，第1卷，东京，1984，第375页。《朝鲜民主主义人民共和国》，东京，1983，第29～30页。

它 1969 年至 1983 年的粮食产量则是从 510 万吨增至 950 万吨，即人均占有从 377.5 公斤提高至 494.8 公斤。1980 年，其机械化程度已接近饱和，平原地区每百公顷土地拥有拖拉机 7 部，山地每百公顷 6 部。1979 年，其化肥消费水平为每公顷 1.5 吨，在 170 万公顷可耕地中有 110 万公顷土地实现了自动灌溉。它的稻谷产量也是全世界最高的：每公顷 72 石。除此之外，它的山地果园（1979 年为 14 万公顷）的果品产量也十分充足，其畜牧业一直发展势头良好，1984 年可望提供 80 ～ 90 万吨肉食，再加上繁荣兴旺的渔业和森林产业，蓬勃发展的农业在现代化财政中的作用，可以通过农业税率的变化来表明，1953 年以前的农业税一直为 25%，自 1953 年至 1959 年则为 20.1%，然后一直为 8%。可能像中国的情况一样，在这一税率上还须加上一部分义务征购。在此我们不必再回到越南的反面例子上去（1984 年其人均占有粮食为 300 公斤，尽管其可耕地面积与总面积之比为汉文化圈各国之最——20%），只来看看中国的情况。中国自1952年至1982年农业产量平均年增长率按不变价格和价值计算为2.87%[①]，这一数字反映了中国农业的进步。它的粮食产量（其中包括按卡路里基数平均的黄豆与土豆的产量）从1952年人均285公斤[②]提高至1984年的393公斤[③]。这一结果使人口—粮食剪刀差大为松缓，以致使粮食播种面积与其他农产品的比例从1952年的87.7%下降至1982年的78%。[④]

整个看来，中国农业已取得了很大的成就，并且仍有潜力可挖。但是有一点却使人吃惊：即国家对农业基本建设固定资产投资十分微薄。这一投资

---

① 国家统计局《中国统计年鉴》，北京：中国统计出版社，1986，第149页。

② 同上，第103、157页。

③《大公报》，香港，1984年3月11日。

④ 国家统计局《中国统计年鉴》，北京：中国统计出版社，1986，第154页。

在整个国民投资定额所占比例，第一个五年计划时为7.8%，第二个五年计划时为12.3%，第一次调整时期为18.8%，第四个五年计划时为11.8%，第五个五年计划时为11.9%。[1]然而，十分清楚，如果没有对农田基本建设的大量投资，中国人民绝不可能摆脱各种自然灾害和饥饿的窘迫，而这种恶劣条件直到20世纪中叶才有所改变。自公元前206年至1949年，中国历史上共发生过2085次水旱灾祸。自1949至1978年，平均每年有660万公顷土地（总面积为1亿公顷）遭旱涝侵袭，其中有4次使1300万公顷土地受到冲击。1964年水灾最为严重，其次是1956年、1963年和1975年。1959年旱灾最为严重，其次是1960年、1961年（三年自然灾害），还有1966年、1972年和1978年。为什么这些自然灾害，除三年自然灾害时期外，没有像过去一样导致灾难性的破坏呢？因为

① 日中合编《现代中国经济事典》，东京，1982，第521页。

自 1949 年以来，共修建防护堤 16.5 万公里，为最受威胁的土地解除了忧患；共修水库 8.6 万座，总蓄水量为 400 亿立方米，其中大型水坝 311 座（蓄水量超过 1 亿立方米），中型水坝 2205 座（蓄水量为 1 千至 1 亿立方米）；挖掘了数以万公里计算的排水和灌溉渠道。[①]

这些巨大工程的代价是十分低廉的，总共为 149 亿元，由国家承担一部分，各受惠的公社、大队分担一部分。1979 年的数字显示，至该年度为止的用于此类工程的资金共为 130 亿元，国家承担 76 亿元，农村集体负担 54 亿元。[②] 然而，集体的主要开支为劳动力的价格，每人每天 0.4 元至 0.6 元，按此价格支付的日工大概数以百亿计，然而在此基础上还应加上难以计算的，也许 3 倍、4 倍的义务劳动日才能

① 中国农业资源与区划全国农业区划委员会《中国综合农业区划》，北京：农业出版社，1981，第 121 ～ 122 页。日中合编《现代中国经济事典》，东京，1982，第 563 页。

② 以下数字见 Kojima, R.《中国的新农业政策》，东京，1982。

估价出这些巨大工程的真正成本。这就是带来中国农业进步的农田基本建设的令人惊奇的投资。当然，不能排除渠道沙淤，堤岸须年年重修，水坝腐蚀和大量能量浪费的现象存在，但是一道新的长城仍然建造起来了，中国农业因此不仅可以养活 5 亿多人口，而且除保证它自己的发展外，还可以为工业提供一部分资金。

实际上，农业部门在很大程度上是为整体利益服务的。比较农业与城市人口的收入变化可以使我们很清楚地看到这一点。根据中国统计材料，1957 年（在此以前无材料可证）农业人均年收入为 72.95 元，城市人均年收入则为 253.56 元，所以农业人均收入低下的问题十分突出。31 年以后，即 1978 年，农业人均收入提高至 133.57 元，按人民币时价计算年平均增长率为 2.9%。统计材料没有提供相应的城市人均收入数字，但却提供了 1981 年的数字：500.4 元，按照这一数字得出的结果，大概不至于离 3 年前计算出的结果太远，因为，如果说1979年农业人口收入有较大提高的话，那么城市人口收入则无大的变化，即1957年至1978年城市人均收入增长率应为2.87%，同农业人均收入增长率基本相当。这即是说，按相对价值计，农村与城市收入差距水平一直维持至1978年而未变。由于人均国民生产总值和生活水平的上升，真正的差距实际上在不停地拉大，这即是农业资金向工业转移的标志。

这一过程通过什么机制进行呢？主要有两点。第一，国家直接预先扣除。这不仅仅是通过财政渠道，其作用微弱（1952年为14.2%，1978年仅剩3%），而且主要通过义务征购制度。关于这一点，没有任何数字材料可循，但是我们知道它占农民自己消费外的农产品中的绝大部分，以农产品为原料的国家轻工业靠这一制度获得了巨大的好处。根据计算，在第一个五年计划期间，轻工业利润高达250亿元，与国家向整个工业部门投资的固定资产总额相等。第二，价格剪刀差。确实，同农产品相比，工业品价格已大大降低，从1950年的指数100降至1982年的83.4。而同期农产品价格指数从100升为307.8。然而这一平均价格下降对于不同产品说来是极不平衡的，消费品下降很大，生产资料则较小，然而随着生产的发展，农业却越来越大量地需求生产资料。所以剪刀差不仅存在，而且是经过周密考虑规定的，因为价格是有计划性的。这就是中国农业向工业提供资金的办法。

那么工业化种类问题如何呢？在西方，工业革命仅在第二阶段才触及重工业。唯一只有日本将两个阶段合而为一。自明治维新时代开始，它就一方面建设现代冶金业，一方面大力发展纺织业。这一政策的结果仅仅在20世纪初才显示出来，此时，工业产值已超过农业产值，而且在工业内部，重工业产值也已超过了轻工业产值。从1931年至1940年，冶金、机械制造和化学工业共占工业产值的46.2%，而纺织和食品工业则仅占 32.5%。[1]

其他汉文化圈国家和地区更是坚决采取这样的政策。

中国台湾地区 1977 年的重工业产值就已超过轻工业：分别为工业产值的 52.8%和 47.2%。[2] 如果我们设 1981 年指数为 100，基础化学工业产值则从 1976 年的 67.47 发展为 1982 年的 100.2，钢铁工业产值则从 48.09 提高为 111.84。[3] 自那时起，台湾地区工业化之初就已经同举足轻重的制造业、塑料工业和化纤工业的地位不分上下。这一工业部门 1981 年产值占总产值的 35.9%，提供三分之一的工业就业机会，并占出口额的 39.2%。它在台湾地区生产总值中的比重是当今最大的，平均每万美元产品中就有 141.4 公斤的石

① Ohkawa, K.《日本经济发展模式，一个定量评价》，纽黑文、伦敦，1979，第 105 页。

② 《台湾总览》，东京，1983，第 186 页。

③ IFC.LX ～ 1，1983 年 7 月号，第 82，85 页。

化产品，荷兰为135.2公斤，而美国仅为57.6公斤。[①]

韩国重工业建设开始于20世纪70年代初。钢铁工业最先创立，尽管当时向西方寻找资金的企图遭到失败，而且这一举动本身又遭到世界银行的反对。韩国是在恢复战争创伤的基础上从日本方面得到必要的支持的，浦项制铁总厂（POSCO）奠基于1970年，1973年第一期工程完工，已具有生产100万吨粗钢的能力；1976年二期工程完工，又增加160万吨粗钢的生产能力；1979年三期工程完工，生产能力又增加190万吨。1981年，浦项制铁总厂的生产能力已达850万吨。[②]至1985年，浦项制铁总厂又在光阳湾开始建设一个新的制铁公司，这一建造工程已经同奥地利、联邦德国、英国和日本签订了合

① 《台湾总览》，东京，1983，第393～395页。

② J. Woronoff《韩国经济：人间奇迹》，首尔：时事研究社，1983，第198页。《朝鲜共和国：一个新型工业图景》，巴黎，1982，第38页。三谷静夫《韩国》，东京，1981，第154页。

同，其年生产能力应在1988年达到270万吨，以适应国内日益增长的钢铁需要。根据韩国的估计，这一需求在1991年以前将以每年10%的速度增长。[①]

蔚山石化公司建于1972年，现已达到15万吨乙烯的年生产能力。丽山石化公司于1979年其第二期工程完工时，已达35万吨甲醇的年生产能力。[②]

继钢铁工业之后，随之兴起的是造船工业。在国营大韩造船公社（KSEC）的推动下，造船工业在韩国三大造船集团（按先后次序为现代、大宇、三星）的控制下发展极为迅速。现代造船集团所造的第一艘轮船为一艘26万吨的油船，于1974年2月15日下水。而于1982年，韩国造船能力已达400万总吨位，居世界第4位。[③]

① 《远东经济杂志》，香港，1984年7月19日，第47～48页。

② 三谷静夫《韩国》，东京，1981，第155页。

③ 《远东经济杂志》，香港，1984年7月19日，第48～51页。关于现代造船集团第一艘轮船的下水日期从实地获得。

韩国这一政策的成功最明显的表现为其重工业，特别是造船业在外贸出口中比重的迅速上升，1972年重工业产品出口仅占总数的29%，1981年就增长至47.5%。[①]

新加坡也有十分强大的造船工业而修船装备尤为精良。它不仅得益于日本的投资，而且利用英国海军设备的转让来装备自己。然而，新加坡最重要的工业部门仍属借助美国投资而发展起来的炼油工业。如今它已成为仅次于阿姆斯特丹和休斯敦的世界第三大炼油中心。尽管它无石油资源，但却成为东南亚最重要的海底石油钻探开发中心。[②]

中国香港地区没有遵循同一的模式，但那是由于其殖民地的性质所决定的。实际上，其殖民政府

---

① 日本环太平洋问题研究所《南北朝鲜总览》，第1卷，东京，1984，第65页。《朝鲜共和国：一个新型工业图景》，巴黎，1982，第31页。

② 《新加坡》，东京，1981，第14～18页。

不仅一直一概拒绝援助工业发展，无论是轻工业还是重工业，而且它从其自己利益出发，执行了一种极力提高地价的土地政策。这一政策后来发展成为需求空间面积的工业发展的一大障碍。它将殖民地领土逐渐分成可供建筑的小块土地然后拍卖出去，并从中提取四分之一的税利。香港本身地域狭窄，地皮昂贵，本属自然，但香港殖民政府为牟取暴利而允许土地交易中无节制的投机活动，使得地价大大超过其正常价值。

朝鲜优先发展重工业的政策带有其本身工业生产组织的饶有兴味的独特性。重工业部门分布于9个地区，平壤、清津、咸兴、金策、元山、新义州、江界、清川和海州，全部直属中央政府管辖，而轻工业部门则全部由地方管辖并全由地方投资。[1]

中国的重工业占整个工业生产的比重，从1949年

① 日本环太平洋问题研究所《南北朝鲜总览》，第1卷，东京，1984，第389页。关于9个工业区见第383页。

的26.4%上升为1982年的50%。[1] 有一个共同看法，认为这一轻重工业比例拉平属不正常现象，但这是一个错误的看法。当然，中国工业生产结构上确实存在着不平衡，然而这并非像人们经常认为的那样，问题在于钢铁工业。从重工业内部来讲，问题在于同能源开采和生产（以及二者之间的交通运输）相比的机械工业的过分庞大；从轻工业内部看，则是同非农业原料（化学纤维、塑料、金属半成品）加工业相比，农业原料加工业的畸形发展。[2]

钢铁工业，1979年仅占工业总产的8.9%，并未过分发展。如果按照中国统计方法，将采掘部门也包括进去的话，日本钢铁业则占整个工业的21%～22%。从比例上讲，中国钢铁工业实际上较

① 国家统计局《中国统计年鉴1986年》，北京：中国统计出版社，1986，第20页。

② 以上和以下此类数字均见Mazuyama, N.《中国工业发展机制——发展战略变化的背景》，东京，1982。

日本钢铁业小 2.5 倍。相反，并不算强大的中国机器制造业在 1979 年却占整个工业比重的 27%。这一比例远高于同期的日本机械工业的比例，此年度即使算上电业部门，日本机械工业产量也仅占工业总产量的 24%，然而，日本却是较中国重要得多的机器出口国。这说明中国在此方面负荷过重，相当一部分设备由于缺乏原材料和能源而只有一半或三分之一的时间能够运行。但是，设备过剩是伴随着经济高速增长而来的通病，韩国等地也同样存在，它远较设备不足所带来的问题小。

在轻工业方面，中国 1980 年依靠农业原料的加工工业占整个轻工业产量的 68.5%（1949 年为 80%），然而其耐用消费品的产量却是极为不足的，如自行车（中国为最大的自行车生产国）、缝纫机（中国也为世界最大生产国）、冰箱、洗衣机和电视机等等。

总起来看，整个汉文化圈各国和地区都有着同日本相同的发展结构上的特点。我们也许能在其他发展中国家那里找到某些同样的特征，然而却不会如此突出，并且如此卓有成效。在此我们必须注意到一些随着新环境而产生的且不为明治时代所知的新的特征：如以加速发展为目的而创办的旨在引进各跨国公司资金的经济特区；汉文化圈各国和地区工业无一例外地较早地进军科技新领域，如信息和核工业领域等。我们在此仅仅提醒一下，对此类现象进行分析将是十分有意义的。

同样值得提醒的是，在两次石油危机打击下，汉文化圈诸国和地区比世界任何国家都更有力地承受和克服了危机，虽然战胜第二次打击较第一次为困难，但仍然较任何其他地方为好。中国经济的性质使它不受石油危机影响，但 1979 年所进行的农产品大幅度调价却使它受到很大考验。这一冲击最初带来的破坏性影响使人们认为 1980 年将是灾难性的一年，“第二次调整”——中断其与外国合作者的合同更是使人对其前途失去信心。然而这一危机却很快得到平息。根据《远东经济杂志》估计，1978年至1982年期间，中国国民生产总值增长率每年以3%的速度下降[①]，而1983年又以9%的速度增长，1984年则稳定在7.5%。[②]1984年10月，中国政府在为第七个五年计划（1986～1990）作筹划时宣布了其在80年代初已经确定的在2000年实现社会总产值翻两番的目标，如今看来此目标不仅仅是可能的，而且是有把握的。[③]

通过以上分析，我们应该作出何种结论呢？应该说，除越南外（至少是一直到其新秩序的建立为止），整个汉文化区域诸国和地区，尽管表面看来有差别，却表现出某些深刻的共同点。这些国家和地区将不会像一般认为的那样，由于缺乏发展动力而

---

① 《远东经济杂志年鉴》1961……1965，香港，1984，第6页。

② 同上。

③ 《大公报》，香港，1984年10月11日。

在经济上渐渐拉开距离。相反，它们的发展将会使其互相更加接近，并形成一个越来越有活力的经济区域，对日本产生日渐增加的吸引力。

另外，同日本经济发展之速度相比，中国经济在前 30 年发展显得十分缓慢。在此期间，中国与世界先进国家间的差距甚至加大了。但是，中国经济目前正在加快速度，并可望在最近的 30 年中大大减小与其他国家的差距。当然这仅仅是一个估计，需要历史来确认。然而，什么样的估计更为合理呢？是从汉文化圈诸国和地区的整体分析而来的估计，还是像我们经常做的那样，仅仅从意识形态观念出发，只将中国看成一个一般的半发展国家而得出的关于中国将来的估计呢？一切都使我们相信，在现代化的道路上，“这条大龙”虽然被“四条小龙”甩开了一段距离，但大龙并不会因其力量薄弱而最后放弃争取的权利，只不过是属轻量级的小龙们在起跑时暂时冲到了前面。

当然，各种偶然的情况都会发生，特别是政治方面。

如果全球动乱会仍旧继续下去（遗憾得很），那么，今天东亚地区国际动乱的可能性已基本消除，这是因为目前汉文化圈各国和地区在政治上正趋向于和平与稳定。这正是我们将要考察的问题。

第二部

政治

第三章

中日关系

汉文化圈诸国和地区和谐局面的打破是由西方扩张所致，这与其说是由于殖民或半殖民主义的征服，毋宁说是在强大的西方新文明面前，古老的中国文化影响骤减的结果。脱离传统世界，独立走西方的路，由西方意识形态代替古老统一的儒家意识，一时成为汉文化各国和地区争相仿效的做法。因为在当时的人们看来，只有西方充满现代意识的思想制度提供了最多的发展图强的可能性。

日本于 19 世纪 70 年代即开始西化，选择了它认为当时最先进最现代的普鲁士思想体系。然而，1945 年战败后，日本又接受了美国自由主义思潮。

如果说日本开始是出于对战胜国的尊重而十分驯服的话，后来则因觉察自由主义的好处，而真正臣服了。就台湾地区与韩国而言，虽然政体建立于殖民化排除之后，但早在20世纪30年代，国民党就已经做了思想上的选择，这与曾经出现在上海的朝鲜抗日运动的情况颇为相近。当时南京政府领导人的选择是有利于亲法西斯潮流的，在他们看来，这一潮流在两次世界大战之间的欧洲代表着进步潮流。在中国、朝鲜和越南，真正向西方学习的过程是于二次世界大战以后，在胜利的马克思列宁主义革命运动的范式下实现的，在社会主义形式下进行的，从西方教条谱系的一极跳到另一极，西方意识形态逐渐渗入汉文化诸国和地区，最终导致分裂而走向西方式的互相冲突和对抗之中。

与此相对应，当西方影响消退，汉文化诸国和地区自立意识增强之时，特别是其经济成功之后，一种恢复固有的汉文化同一性的潮流便又应运而生。

中日邦交的建立即是这一潮流中最有意义的一幕。一方面，它标志着这一地区因西方帝国主义影响而产生的最长久的两国对立局面的结束，另一方面，这一事件的意义远远超出了政治意义的范围，而深深地植根于两国人民希求和解的意愿之中。我们下面对此具体分析。

日本同新中国接近的试探可上溯至中华人民共和国正式宣告成立前6个月。1949年5月4日，日本贸易促进会成立，24日日中贸易促进议员联盟创立。[①] 这些团体并非全由进步人士组成，如日本贸易促进会里既有企业头领如淀川制钢所会长洪田正信，

① 本章大部分史料据田川诚一《日中交涉秘录》，东京，1973。田川诚一，生于1918年，现为神奈川二区新自由俱乐部派议员。他自1959年第一次作为松村谦三的秘书访问中国始，即积极致力于发展中日关系。本书中关于日本对中国政策的内容皆请参照该书。石丸和人他《战后日本外交史》，东京，1983，第171～284页。以及那本很好的《昭和史事典》，东京，1980。关于美国政策部分则请参照Livingston J.《战后日本　1945年至现在》，纽约，1973。

第一物产社长新关八洲太郎，也有鲁迅好友亲华人物内山完造。这一运动的促进者们当然知道，恢复前不久还十分繁荣的日中贸易对重建崩毁的日本经济是有利的，但这既不是唯一的甚至也不是主要的目的。当时人们认为，亚洲冷战局势十分严峻，一场新的热战随时可能爆发。不久，朝鲜战争的爆发证实了人们的担忧。基于上述认识，日中接近既是向美国占领当局显示一个反对亚洲冷战联合体的存在，又可以激励日本国民意识，反对当局所采取的对亚洲邻国政策，从而在不同的意识形态基础上建立起新的邦交关系，促进亚洲和平。

为上述目标努力的各党派人士，无论是保守派还是激进派都不一定对商业有直接兴趣。他们之中最著名的人物当数帆足计，他毕业于东京大学经济学部，战前曾任日本产业协议会事务局局长，以具自由主义精神著称，于 1944 年因反对军国主义被宪兵队逮捕。1947 年他以无党派人士当选参议院议员，

1952 年后又以社会党人之名而连选连任议员 7 次。在同中国接近的过程中，他既是沟通经济界与进步党人士的桥梁，又是议会和非政界人士的纽带。

在另一方，1949 年 10 月 1 日，中华人民共和国在北京宣告成立，新政府组成。1950 年 2 月，中国政府外贸部副部长沙千里向日中贸易促进会致电，表达了中国发展中日贸易的愿望，并指定天津的中国东北进出口公司负责联络。1950 年 3 月，日中贸易促进会向美国占领当局递交了一份申请批准向中国出口的产品目录书。同时，开始从中国进口第一批黄豆和煤炭，然而，朝鲜战争的爆发使刚刚开始的贸易旋即陷入中断。

与此同时，1949 年 10 月 10 日成立的日中友好协会在 1950 年 10 月 1 日举行中华人民共和国周年庆贺活动，参加的有政治家、实业家、工会活动家、知识分子、作家等。在协会负责人中既有保守派议员如自由党的水田三喜男，曾任吉田内阁的经济审议厅长官，石桥内阁的通产大臣，池田内阁的大藏大臣；也有进步派议员和田博雄，他在转入社会党之前曾任吉田内阁农林大臣。日中友协绝不是一个小帮派，它集中了社会各界人士和各种意见的代表人物，都怀着共同的缓和东西冲突、提倡和平共处的意愿。当时正值朝鲜战争高潮，在日本的美国占领当局大打出手，于 1950 年 11 月 15 日以发行中国报纸为由逮捕了友协大阪支部 3 名负责人，东京本部 2 名负责人也因涉嫌而被关押。在这 5 人中，4 人被美国军事法庭判处 6 个月到 4 年的强制劳动。然而，友好活动并未因武力镇压而终止。1952 年 6 月，就是在如此条件下，中国政府与日中贸易促进会签订了第一个贸易协定。

针对由美国发起的西方政府对社会主义国家的贸易限制，1952 年 4 月 3 日至 12 日，一个讨论发展东西方交流渠道问题的国际会议在莫斯科召开。大会组织委员会成员之一，中国人民银行行长南汉宸向日本各界人士发出呼吁，邀请他们参加会议。日本作出了响应，于1952年1月，组成一个友好团体，包括第一次吉田内阁大藏大臣石桥湛山，第一次近卫内阁书记长官，第二次近卫内阁司法大臣风见章等知名人物在内。这一团体决定向大会派出一个由19人组成的代表团。由于日本外务大臣拒绝给代表团发放护照，这一计划不久即被迫放弃。然而仍有3名议员冲破阻挠毅然前往莫斯科参加大会，他们是帆足计、宫腰喜助和著名女权运动家高良上升。高良上升以赴巴黎参加联合国教科文组织会议为名申请护照，后于4月5日通过丹麦辗转到达莫斯科。她是战后抵达苏联的第一位日本人。她到达苏联首都的消息立即在日本传开并引起极大反响。帆足与宫腰二人则以考察丹麦农业为名申请护照，一个月以后才抵达莫斯科。他们3人在中国外贸部副部长雷任民的陪同下，于5月15日自莫斯科来到北京，6月1日签订了第一个中日民间贸易协定，交换总金额为6000万英镑（双方各3000万）。当时需要克服的主要困难是中国只同意从日本进口生产资料，而这些生产资料几乎都在联合国中国委员会的禁止之列（中国委员会〔Chincom〕与巴黎统制会〔Cocom〕同时建立，旨在加强1951年禁止同中国通商的决定的执行。日本恢复独立后于1952年9月加入）。中国被迫作出让步，同意进口一些消费品。然而中国委员会的强硬限制仍然使协定的全面执行遇到障碍，此协定最终仅实现议定总额的三分之一，而签署协定的3位日方人员，也并未因其身为议员而免遭法律追究，回国之后，他们以违反护照法而被起诉。

第二个中日贸易协定，总金额同第一个协定一样，于1953年10月29日在北京签字。在这期间，关于去中国护照问题已经由中国与日本红十字会关于遣返日本战俘的谈判而得到解决。一个由日本和平运动委员会和日中友协（包括高良上升），以及红十字会代表组成的代表团受中国政府邀请赴华商谈战俘问题。由于日本公众舆论对战俘返国问题十分敏感，日本政府迫于压力，不得不向代表团每个成员包括高良发放护照，尽管高良直到临出发那天才接到护照。在谈判中途，中方红十字会会长李德全生病，中方指定由廖承志替换。从此廖承志在中日关系史上起着极为重要的作用。廖承志（1908～1983年），国民党左翼领袖廖仲恺（于1925年被刺）之子，生于东京，其家庭移居东京已有两代之久，谙熟日语，曾就读于早稻田大学，1928年因参加革命运动被驱逐出境。同年在上海加入中国共产党。廖承志不仅仅是中日关系的关键人物，而且也是连接所有海外华人的纽带。

第三个中日贸易协定于1955年5月在东京签字。曾参加过1953年北京之行的日本红十字会会长岛津忠承克服种种困难，获得日本政府允许，邀请中国红十字会代表团访日以表谢意。中国代表团于 1954 年 10 月 30 日到达东京，成为访问日本的第一个中华人民共和国代表团。

自此，坚冰，或者按当时的说法——竹幕已被打破，代表团互访日益增多。中国方面访问日本的有雷任民率领的贸易代表团（该团签订了第三次日中贸易协定），郭沫若率领的中国科学院代表团（1955 年 12 月），著名京剧演员梅兰芳率领的代表团（1956 年 5 月），农垦部部长王震率领的代表团（1957 年）；日本方面来中国的有茅诚司率领的科学代表团，歌舞使团以及土木工程专家、考古学者、物理学家、医生、电讯工程师、气象学家、农学家等多种代表团。第一次中日渔业协定于 1955 年 4 月 15 日在北京签字。中日文化交流协定由风见章发起并签订。接着，继以原社会党内阁总理大臣片山哲为首的反对宪法修正同盟代表团于 1955 年 11 月访问中国之后，一个由片山哲亲自发起的大型日中文化交流协会成立。与此同时，日本工会组织也已同中华全国总工会接触。自 1952 年起，他们就要求参加北京的“五一”游行，但只是到 1955 年，当民主主义者鸠山一郎取代吉田茂而任首相时，他们才如愿以偿。第二年，1956 年，一个中国代表团赴东京参加“五一”游行。自此，中日工会组织的关系再也没有中断过。

第三个中日贸易协定规定，双方互相在对方国举行产品博览会。1955 年中国在东京、大阪举行的博览会盛况空前，东京参观者达 67 万人次，大阪甚至高至 124 万人次。第二年，日本博览会在中国举行，北京参观人数达 126 万，上海 168 万。日本对中国出口额从 1954 年的 1909 万美元猛增至 1957 年的 6048 万美元，同时，中国出口额则从 4077 万上升至 8048 万美元。然而，在两国关系继续扩大的道路上，横着一个大的障碍，即两国互相在对方国设立常设代表机构的问题，有关此事的原则已经在中日第三个贸易协定中作了规定，并且还得到了鸠山内阁的首肯。然而，鸠山于 1956 年 12 月卸任，经过短暂的石桥内阁的过渡，日本保守派里最敌视中国的人物岸信介上台。岸信介曾在满洲经济部门任高级官员，后于 1940 年任东条内阁的工商次官，1941 年任商业大臣，主管战时经济。曾被控告为一级战争罪犯，1948 年获释。在他执掌的为期三年的两届内阁时期，其主要任务便是重新洽谈日美安全条约，尽管此时日美冲突激烈。1960 年 1 月 19 日，新条约签字，他的目的达到，随之于同年 7 月 15 日被迫辞职。

尽管第 4 次中日贸易协定于 1958 年 3 月 5 日在北京签字，但岸信介政府拒不接纳中国代表常驻东京，他所奉行的反共、亲美、亲台的路线使日中半官方谈判陷入僵局。1958 年 5 月 2 日，中国邮票博览会在长崎举行，一个年轻的日本极端分子将飘扬在长崎一家商店的中国国旗扯下，长崎上诉法庭，以其无知而不知此旗帜乃国家象征为由，判以轻罪，此即长崎国旗事件。5 月 9 日和 10 日，陈毅和日本外务省先后发表严厉声明，自此中日关系完全中断。

岸信介的继任者池田勇人，虽然对社会主义国家较少敌意，但在同中国关系上却极为被动，丝毫不准备将中日交流的范围扩大至贸易与文化以外的领域。中国政府在社会党国际事务局佐多忠隆访问北京之际明确表态，指出日本政府遵守政治三原则是中日恢复关系的前提。这三原则即：

对北京不怀敌意；

不搞“两个中国”；

不给中日邦交正常化设置障碍。

此时日本国内反对新日美安全条约运动日益高涨，1959 年 3 月 12 日，日本社会党总书记浅沼稻次郎第二次访问北京，对美帝作了严厉谴责，指出美帝是“中日两国的共同敌人”。针对这一局势，在岸信介政府下台后，中国政府的对日态度开始缓和。

1960年8月27日，当日中贸易促进会执行部长铃木一雄抵达北京之时，周恩来陈述了在中日贸易上中方的三条指导方针：

1. 以政府协议的形式解决贸易问题；

2. 在此协议未达成之前，在双方友好的基础上，可以拟定一个民间贸易的特别计划；

3. 被列入计划的只能是一些有友好的象征意义的产品：中国烹调物品、日本小型农业工具及其他同类性质的物品。

于是，在日本社会党和工会组织的斡旋下，由中方提出货单，通过与一些被称为“友好商社”的日本贸易公司的合作，中日关系又在这样一个狭窄的基础上开始了。

1962年9月，早年就读于早稻田大学与廖承志相识的自民党议员松村谦三访问北京。这一访问开辟了中日关系的更广阔的前景。1962年秋，原通产大臣高埼达之助率领一个由42名团员组成的代表团来中国，商讨一个由原日本驻上海领事、战后成为大事业家的冈崎嘉平太准备的范围十分广泛的贸易计划。1962 年 11 月 9 日，由亚非团结中国委员会会长廖承志和高埼达之助起草的贸易备忘录在北京签字，从此所谓友好贸易有了新的扩展。这即所谓廖高贸易备忘录（Le commerce L.T.）。预计五年的交流计划（1963 ～ 1967 年），每年平均贸易额为 3600 万英镑。

日本第一个工厂出口合同由仓敷人造丝公司负责洽谈。这是一个价值 73.58 亿日元分期付款的维尼龙工厂出口合同。当时对出口者的补贴发放仍是一个问题。最后，池田内阁不顾美国及台湾的强大压力，于 1963 年 8 月 20 日作出决定，毅然批准发放出口补贴，使得此项合同得以执行，开了先例。

在此期间，又发生了周鸿庄事件。周鸿庄，中国官员，44 岁，作为中国技术考察团翻译来东京，于 1963 年 10 月 7 日，考察团返华前夜，前往苏联驻东京大使馆寻求避难，苏联人当即将此人交给了日本警方。日本政府在有律师和华侨出庭的情况下，对周进行了审问，然后将其引渡给中国。这一行动激起了台湾当局的强烈抗议，引发了台湾的反日浪潮，声称要抵制日货，在日驻台“大使馆”门前举行游行示威。自民党亲台势力立即出来支持台湾，指责池田政府，老吉田茂甚至于1964年2月亲自赴台会见蒋介石。5月7日，吉田为此亲自给台湾政务院秘书长张群去信，声称支持台湾关于拒绝向给中国出口者提供出口优惠补贴的要求的立场。

日本与台湾的紧张气氛促进了中日关系的改善。1964年4月，松村谦三与中国政府达成协议，双方互换常驻记者，每方8名，两国在东京、北京互设常设商务代表处。由孙平化等4人组成的中国东京代表处于1964年8月13日正式办公。

然而，1964年11月，池田因健康原因辞去首相职务，继任他的是岸信介之弟佐藤荣作，此公同其见一样是一个强硬反共分子。佐藤将其外交政策的轴心设在冲绳回归日本的问题上，为了从美国政府获得领土复归的允诺，他尽可能按照美国人的意愿来制定政府路线。他公开采纳吉田茂在给张群信中的意见，拒绝向中国出口者提供货款，同时他还向台湾提供 1.5 亿美元的贷款。另一方面，当联合国亚非集团要求接纳中国进入联合国呼声日益增高之时，佐藤内阁则坚决支持美国立场，认为中国进入联合国为重要问题，必须有三分之二的多数通过才能获准。在与尼克松华盛顿会谈（1969 年 11 月 19、20、21 日）之后的联合声明中，佐藤宣布日本承担维护韩国和台湾安全的主要责任，支持美国在越南的行动。以此作为交换条件，尼克松保证于 1972 年归还冲绳，但在此期间要使印度支那恢复和平。这一同美国保持完全一致的做法使日本政治远远超出了安全条约规定的范围，在日本公众舆论中激起的反对浪潮可与越南战争在美国公众中激起的反战情绪相媲美。

中国拒绝延期将于1967年底到期的廖、高备忘录，以示反击。中日交流的规模自此局限于每年春天签署的备忘录的范围内，这即是后来所称的贸易备忘录（commerce MT）。1970年4月15日，为反驳尼克松—佐藤声明，周恩来向日本贸易代表团发出警告：一切同台湾和韩国有贸易往来，或在上述地区投资的，或为美国公司制造武器参加越战的，或并入美国公司的日本企业都得排除在中国贸易伙伴之外。受这一限制打击最重的是三菱重工、帝人、丸社、伊藤忠。

此时，“文化大革命”已在中国爆发，中国国内形势急转直下，无论何种形式的交流都无法进行。甚至在北京的日本常驻代表与地方政府的关系也急剧恶化。1967年7月，8名日本贸易代表因间谍罪而被逮捕；9月，日本《每日新闻》《产经新闻》和《西日本新闻》常驻记者被驱逐，不久又是《读卖新闻》记者被取消居留许可证；同时，在 9 月，日本一艘货船的乘务翻译在上海被捕；1968 年 2 月 27 日，另一位日本商务代表被捕；同年 6 月 7 日，日本《经济新闻》特派记者被捕……廖承志、孙平化也已从中日谈判席上消失，中日重开谈判将待至“文革”风暴过去之后。

然而正在此时，美国对华政策却出现了戏剧性的转折。随着撤出亚洲的所谓尼克松主义的施行，自 1969 年起，美国政府就已经开始缓和其对美国公民访问中国的禁令和对中国产品禁运的政策。同年 12 月 24 日，美国国务院决定修正第七舰队的使命，从对台湾海峡的常备巡视改为间歇巡视。

在此前不久，12 月 18 日，毛泽东即对埃德加·斯诺说过，如果尼克松愿意来中国，我们欢迎他来。1970 年 1 月 20 日举行中美华沙第 135 次会谈，恰好在此前夕，在关于外交政策的总统咨文里，尼克松宣布，中国是一个大国，有如此强大的力量，不能被排除在国际社会之外。1971年2月，美国国务院在对去中国旅游和进口中国物品的规定上又有了新的松动。于是有了1971年4月10日至17日的美国乒乓球队的访华和周恩来的接见。接着基辛格于7月9日至11日秘密访华，7月15日发表反响强烈的公告：尼克松将于1972年5月前正式访问中国。

这一消息使日本政府措手不及。尽管日内阁以同美国政府保持特殊关系而自夸，但其实他们是在尼克松发表电视讲话前不久才被通知的。佐藤自欺欺人，说他对此久有预见。但实际上，在这突如其来的事件面前，他彻底昏头了，以致无力作出独立的反应，反而比任何时候都更听从美国的摆布。这一点可以从其在联合国的行动中得到证实。10月25日，接纳中华人民共和国的议题摆上了第25届联合国的议事日程，佐藤不顾另2名最重要的自民党首领大平正芳、三木武夫的反对，决定支持美国的预定议案：驱逐台湾属“重要问题”，必须三分之二的压倒多数通过。这一议案一方面试图使在中华人民共和国进入联合国后仍保留台湾在联合国的席位，一方面可以造成两个中国代表的局面；但此项议案以 59 票反对，55 票赞成，15 票弃权，缺席 2 票而未获通过。此时，佐藤的尾巴主义使日本追随一种完全不合时宜的政策，自置于少数派之列。同时阿尔巴尼亚关于接纳中华人民共和国并驱逐台湾的提案则以 76 票赞成，35 票反对，17 票弃权的压倒多数胜利通过。

在日本，所有的佐藤派的对立面都已经开始了同中国邦交正常化的努力。1970 年 12 月 9 日，各派议员组成争取恢复日中邦交同盟，其中包括 90 名自民党人、30 名社会党人、71 名公民党人、30 名民社党人和若干共产党人。同盟由自民党内部重要首相反对派领袖藤山爱一郎担任主席。同时，公民党也为恢复邦交设立了自己的商议团体，社会党与总工会的独立团体也已建立。自尼克松访问北京（1972

年 2 月 21 日至 28 日）后，日本各政治派别重要人物相继访问中国。自 1971 年底以来，日本工业界巨头都已开始靠近北京：造船工业的“鹰派”御三家，三菱重工业，石川岛播磨重工业，川崎重工业和新日铁均已接受周恩来 1970 年 4 月 15 日提出的四项条件，加入到与中国通商的贸易团体中来。此时佐藤身体瘫痪，预计在冲绳回归（1972 年 5 月 15 日）后的下一个星期辞职，与北京的谈判将在他辞职后开始。

佐藤辞职后，田中角荣通过大量购买选票而登上自民党总裁宝座，并于 1972 年 7 月 7 日组阁，三木武夫任外务大臣。对于田中说来，中国问题的最终解决将使他作为伟大的政治家而留名青史。他急不可待，他的政府与中国人对话的中介是公民党争取日中邦交正常化会议主席竹入义胜。竹入于 1971 年 7 月会见过周恩来并带回中国的条件。1972 年 7 月 25 日至 8 月 3 日，他作为田中的非正式使者又一次出使北京，获得如下十分详细的明示：

第一，邦交正常化将在田中正式访华后的联合声明里决定；

第二，日美安全条约和尼克松—佐藤联合声明都不应成为正常化的障碍；

第三，尖阁群岛（即钓鱼岛，日本认为属于冲绳县，中国认为属于台湾省）的主权归属问题也不应成为正常化的障碍；

第四，中国方面为发展中日友好起见，考虑放弃要求战争赔款；

第五，中国建议同日本签订一个“和平友好条约”以替代日台和平条约。

日本政府松了一口大气，他们没有料想到中国方面会有如此开放的立场。中国方面的良好意愿还通过7月由日本的老熟人孙平化率领的外交使团的东京之行和派遣肖向前——另一位日本人的朋友——作为驻东京联络处的代表而得到了加强。田中角荣于是飞往檀香山会见尼克松。于9月1日顺利发表联合声明，声称中日邦交正常化不仅不损害而且有利于日美联盟的加强云云。

中日联合声明草案是在最后一次预访时由3位中日贸易促进先驱古井喜实、田川诚一和松本俊一主持制定的，他们借口赴北京解决1972年贸易交流问题。9月9日，这3位日本使者乘机从东京直飞北京，行程3小时，为战后第一次。

耐人寻味的是，自民党亲台派也已成立了自己的争取日中邦交正常化协会。这是为了缩小损失。但他们的组织仅仅是从原有的一个中国问题研究团体脱胎而来，由自民党领导人之一小坂善太郎任会长。田中首相首肯了这项活动，但并未参与其事。利用这一模棱两可的局面，小坂也率领一个代表团于9月14日来到北京寻求会谈，但却遭到中方的婉言回绝。当时中方还为另一个日方代表团组织了一次小型旅游，避免两方直接见面。小坂于9月20日空手而回。同时，田中派副党魁椎名悦三郎前往台湾，向蒋介石通报局势。

1972 年 9 月 25 日至 30 日，日本首相访华。第一天晚上，在人民大会堂举行的欢迎宴会上，田中致词，表示他对过去深表遗憾，对中日关系的将来充满信心，尽管两国政治制度与意识形态不同。27 日，他与毛泽东晤谈 3 小时。联合声明的起草用了 3 天时间，其序言里写道：历史自此揭开了新的一页，日本对其给中国带来的损害深表反省。今后，尽管两国政治制度不同，但两国将尽力发展睦邻友好。接下来便是 9 条原则[①]：

1. 自声明公布之日起，中国与日本之间迄今为止的不正常状态宣告结束。

2. 日本承认中华人民共和国政府是中国的唯一合法政府。

① 译者注：译文据中文原文，有调整。

3. 日本承认台湾是中华人民共和国领土不可分割的一部分。

4. 两国政府决定建立外交关系。

5. 自满洲被入侵后日本对中国的15年侵略，造成500亿美元的损失，中国政府放弃对日本国的战争赔偿要求。

6. 两国同意在和平共处五项原则的基础上，建立持久的和平友好关系。

7. 中日邦交正常化，不是针对第三国的。两国任何一方都不应在亚洲和太平洋地区谋求霸权，每一方都反对任何其他国家或国家集团建立这种霸权的努力。

8. 两国同意进行以缔结和平友好条约为目的的谈判。

9. 两国同意进行以缔结贸易、航海、航空、渔业等协定为目的的谈判。

废除日台条约没有写进联合声明，但由日外务大臣大平正芳据事实本身作了明确的确认。

日中邦交正常化的直接影响是日本人对中国各个方面的兴趣大增，这一事实说明中日友好有着深刻的民众基础。各大商店争相举办中国商品展销会，到中国观光和邀请中国人来访等一时成为时尚，中国文化热潮波及日本各地。民间友好活动对联合声明中预定的友好条约谈判起了促进作用，然而双方代表仍在技术和细节上多有纠缠。谈判进行了6年才最后签署条约。

关于贸易、航海、渔业的三个协定最易达成，分别于1974年1月5日在北京，1974年11月13日和1975年8月15日在东京签字。

关于航空协定的谈判却十分微妙，因为它涉及日本与台湾的通航问题。但解决的办法仍然找到了，协定于1974年4月14日在北京签字。在此之后才正式开始了友好条约的谈判。在针对苏联的反霸权条款问题上，中国人态度十分坚决，为了找到一个能为日本人接受的说法费时日久，一个折衷方案用了整整4年才最后出笼，1978年8月1日，《中日和平友好条约》在北京由两国外交部长黄华和园田直正式签署。

自此，中日关系就再未出现过大的挫折。两国高级官员互访接连不断，甚至中国共产党总书记胡耀邦也于1984年3月25日受到日本天皇的正式接见。此时期的中日关系也经历过两次严重波折：1981年1月，中国单方面终止了对日大部分合同；1982年日本新教科书对日本战争罪行的掩饰。但两次波折都得到迅速平息。这两个事件虽是本可以避免的，但舍此却不能更好地证明中日新关系的品质。就此让我们来看看几个关于金融和文化方面的例子吧。

日本对中国的经援现已成为日本官方援助的最大项目，1979～1983年为3000亿日元（约13亿美元）；1984年3月中曾根首相正式访问北京，又为之后 7 年提供 4700 亿日元（20 亿美元）。至于私人贷款，1983 年已达 20 亿美元。[①]

在所有来中国旅游者中，除海外华人外，日本人为最多，1982 年为 24.5 万人次。[②] 同样，日本是外国接受中国来访者最多的，1982 年为 16994 人次。[③]

同年（1982 年）1200 个中国留学生在日本教育机构注册，[④] 中曾根建议 1984 年此数应提高至 4000 人。中国的 90 所大学（当时大学总数约为 400 所）设有日语课程，有 900 个中国教师和 120 个日本教师；[⑤] 这里我们且不谈广大中国众多的日语业余爱好者，他们通过广播和电视学习日语。与此相应，在

① 《朝日新闻》，东京，1984 年 6 月 24 日。《每日新闻》，东京，1984 年 6 月 29 日。

② 《新中国年鉴》，东京，1968—1984，1983，第 442 页。

③ 《新中国年鉴》，东京，1968—1984，1983，第 45 页。

④ 《新中国年鉴》，东京，1968—1984，1983，第 46 页。

⑤ 《日本创立新闻通信》，东京，1982 年 11 月。

日本自20世纪80年代初以来，只有汉语是唯一一门学习者明显增多的外语。

截至1982年10月，日本已有45个市或县与中国的市或县缔结了友好关系。[①]

① 《新中国年鉴》，东京，1968—1984，1983，第46页。

第四章

朝鲜问题

如果说是中日关系左右着汉文化圈的将来的话，那么，朝鲜半岛的政治分裂局面则是汉文化圈整体的最严重的创伤。这一地区的局势自二次世界大战以来就一直动荡不安，剑拔弩张。然而，在这一地区，自 20 世纪 70 年代初以来仍出现了合作的气氛，汉文化诸国和地区特有的活力有所加强。南北朝鲜关系的发展历程，虽一直被一些十分恶劣的事件罩上一层阴影，如 1968 年，朝鲜恐怖主义行动队一路突至汉城（今称首尔）总统府外围；1983 年，仰光严重暗杀事件造成 21 人死亡，其中包括 4 名韩国政府成员；在非军事中立地带经常发现挖掘的地下通道；1976 年在板门店 2 名美国军官被斧子砍死等等。然而北南朝鲜之间的关系仍然出现了重大转机，而且会越来越大地促进着这一地区的局势朝着有利于和解的方向发展。

朝鲜分裂从何而来？我们提请人们绝不要忘记，朝鲜的分裂局面是在极为苛刻的条件下由西方强加给朝鲜的。朝鲜人民不仅备受殖民压迫之苦，而且还以血的代价偿付着压迫者的失败。

1945 年 8 月 14 日，日本政府接受波茨坦宣言提出的投降条件，8 月 15 日，日本天皇宣布战争结束。同一天，日本殖民政府向朝鲜国民党主席吕运亨发出呼吁，希望协助维护秩序。[①] 吕运亨接受呼吁，并立即着手创立朝鲜建国准备委员会。朝鲜人民认为

① 本章史料除注明者外，关于中朝关系和北南朝鲜关系，参见环太平洋问题研究所《南北朝鲜总览》，第 1 卷，东京，1984。关于日本对韩国政策，参见石丸和人他《战后日本外交史》，东京，1983，第 286 ～ 370 页。关于朝鲜问题的特点，参见 Sung, C.Y.《朝鲜与金日成、朴正熙两个政体》，剑桥麻省，1981。

自此取得独立，欢欣雀跃。然而他们哪里知道后来杜鲁门在其回忆录里所透露的以下事实：当时罗斯福与斯大林在德黑兰已达成协议，一致认为朝鲜人还需 40 年的时间才能成熟起来并获得独立；在雅尔塔，这两位巨头已同意暂时将朝鲜交给中、美、苏共管。1945 年 8 月中旬，美国人所担忧的绝不是如何建立一个朝鲜政府的事情，而是怎样尽快制止苏军大批进入朝鲜的问题。当时苏军在朝鲜估计有 10 万之众，一部分是自苏联对日之战后越过图门江入境的，一部分是自日本投降后从海路经海参崴沿东海岸北方诸港登陆的。驻马尼拉美军总部火速作出决定，以北纬 38 度划线（这一选择是为了将朝鲜首府京城（后改称汉城）留在三八线以南），将日本原占领地划为两部分，阻止苏军向南跨进。这一决定是通过日本为履行投降而留守的军官河道虎四郎将军执行的，美军代表直到 9 月 6 日才到达朝鲜，第一批美军则于 9 月 8 日才在仁川登陆。9 月 7 日凌晨

1 点，由吕运亨主持组织的议会宣布朝鲜人民共和国成立。然而美军根本无视这一事实，成立了一个由少将 J.R. 胡杰（Hodge）为首的军事政府，总部设在原日本殖民政府所在地，这对朝鲜人说来真具有绝妙的象征意义！美国人召来当时流亡美国的朝鲜抵抗运动领导人李承晚，并共同宣布 9 月 7 日朝鲜人民共和国为非法。在北方，极为干练的苏军大校伊凡·奇斯奇亚科夫已在共产党人和国民党人各为一半的条件下，承认朝鲜建国委员会，同时着手帮助改组当地共产党。

南北对峙冲突一触即发。战争终于在 1950 年 6 月 25 日爆发，其惨烈和复杂之情势为人所共知。这次战争一直持续至 1953 年 7 月 27 日板门店停火。它至少带来了一个积极成果：历史上第一次两个汉文化国家的军队在同一战场上与西方势力较量，创造了中国—朝鲜之间持久的联盟。

中国人给予朝鲜的支持是巨大的，同仅仅给予了物质援助的苏联不同，中国人不要求偿还。尽管中国当时百废待举，国家建设需要大量钱财，但仍向朝鲜提供了人、物两方面的援助。100万志愿军战士死伤十分之一，还向朝鲜提供价值5700万美元的财政援助。停火后不久，1953年11月23日金日成在北京签订了《中朝经济及文化合作协定》。《协定》规定：中国放弃所有敌对时期的债权，从1954年至1957年向平壤无偿提供新的建设援款80亿人民币。自此，中国开始向朝鲜提供棉花、煤炭和建筑材料。与此同时，留朝中国军队（1958年最后撤出的一批军队仍有25万人之多）参加朝鲜建设，从建筑房屋到修路、筑坝。

中朝联盟还通过以下一系列协定得到加强：1957年12月科学技术文化协定，1958年5月商业协定，9月长期财政援助协定，10月友好条约和1959年2月的航空运输协定。“汉城政变”后朴正熙上台，1961年7月金日成分别同莫斯科、北京缔结军事同盟，但前者较后者范围远为狭窄。自此，平壤一直站在中国一边，无论是在中苏冲突、中印边界纠纷还是中越边界冲突中。“文化大革命”中，红卫兵曾抨击金日成，给中朝关系带来过不利影响，但很快得到平息。针对1969年尼克松—佐藤声明给朝鲜造成的威胁，1970年周恩来访问平壤，再次同朝鲜缔结同盟。1971年7月9日，中国代表缺席5年之后重又出现于板门店停战委员会，中朝又于8月、9月签署了一项经济协定和一项无偿军事援助协定。

尼克松访华是否对这一刚刚恢复的友谊有损害呢？没有。对于朝鲜来说尼克松的北京之行无非是一次新的卡诺萨之行，[①] 其给予朝鲜的重要影响，无

① 译者注：卡诺萨（Canossa），意大利北部古城堡。1077年罗马教皇格利高里七世在赴德意志途中，应城堡主人之邀，曾在此逗留，其时日尔曼皇帝亨利四世也因封爵之争与教皇有隙，为避免被废黜，亨利四世以悔罪者身份来卡诺萨会见教皇，在此等候三天，终得宽恕。后来卡诺萨之行成为王权向教权屈服的象征，用来贬指一切向对手屈服之行动。

非是激起了最初的一丝淡淡的两个朝鲜相互接近的愿望，而这一点在 1972 年 7 月南北朝鲜联合声明中已经申明。1975 年 4 月，金日成又一次正式出访北京。毛泽东逝世后，1978 年 5 月华国锋出访的第一个国家便是朝鲜。中朝关系持续稳定，两国领导人互访不断，1982 年 9 月，金日成又第三次访问北京。

中韩两国高级领导人的多次互访的意义不可低估。如果考虑到两国在政策目标上的看法并非总是一致，那么这些会谈则十分有益于彼此观点的接近。中国在金日成之子金正日作为法定继承人问题上曾反复犹豫过，平壤在北京私下同汉城接触一事上也曾再三考虑。但这些并未妨碍朝鲜仍将中国看作其首要的同盟。事实上朝鲜还为此对自己的路线作了必要的调整。1979 年 5 月，金日成对日本自民党议员久野忠治说："中日和平友好条约和中美关系正常化有利于亚洲和世界和平。"1980 年 9 月，金日成甚至说，如美国同朝鲜签定一个和平协定，朝鲜可考虑废除同苏联和中国的军事条约。

1984年5月23日至24日，金日成紧接着尼克松北京之行后正式访问莫斯科。这一访问结束了朝鲜与莫斯科23年来的疏远状况，是否意味着中国、朝鲜关系的某种降温呢？关于此方面的会谈内容，我们不得而知。但实际上，金日成同苏联会谈似乎主要是关于朝鲜空军购买苏联米格—23飞机之事，而同他所作关于1983年10月新建议的解释关系不大。在这个建议里，朝鲜提出不再只同华盛顿单方面而是同美国与汉城双方谈判解决驻朝美军问题。苏联方面除了从朝鲜方面得到了不参加洛杉矶奥运会的承诺外（这一承诺当不为困难），还使朝鲜同越南的关系恢复到大使级，双方在对方首都互设代表机构以使在越南入侵柬埔寨后一度降为代办的朝越关系升级。[①] 然而此举对中国并非至关重要，因为金

① 《每日新闻》，东京，1984年6月20日。

日成根本没有改变其与西哈努克的亲密关系。另外，朝鲜仍然继续依靠中国而不是苏联的斡旋同美国对话，而且平壤在 1984 年公布的关于外来投资的新立法中又一次遵循了中国的榜样。

在韩国方面，朝鲜战争远没有使韩国与其旧殖民主义者日本之间的关系得到恢复。这一过程的起点是旧金山条约，韩国不是条约的签署国，朝鲜不能算二次世界大战参战国，而日本则参加了条约的签署。条约规定：

1. 承认朝鲜独立及其对葛尔巴群岛（济州岛）、韩弥敦港（巨文岛）和达吉勒岛（郁陵岛）的主权；

2. 解决殖民主义时期遗留的债务和债权问题；

3. 签订渔业、商业和海运协定。

日韩准备性对话于 1951 年 10 月 26 日开始于东京，正式谈判则开始于 1952 年 2 月 15 日。但是，谈判者很快就遇到了一些十分棘手的诸如战争赔款和捕鱼权等问题。4 月 25 日，谈判中断。日本与韩国关系的正常化道路所需要的时间，不是人们所想象的 2 个月，而是 13 年。在长达十几年的时间中，人们致力于消除敌意，互相和解，使双方立场慢慢接近。13 年中，事件迭起，谈判停停续续反复 7 次之多，总计开了 950 次会议。

如果说中国、朝鲜的接近得力于对苏联程度不同的不信任的话，那么，韩国与东京和解的迟缓则同双方各自实行的亲美政策有关。李承晚身上的亲美情绪之强烈可从他所任用的谈判负责人梁裕灿[①]身上见诸一斑，梁裕灿是李承晚之密友，夏威夷侨民，他不仅不懂日语，甚至不会讲朝鲜语！

长期以来，谈判的主要分歧在于以下三点：

第一，关于朝鲜领海权限的确立问题。1952 年 1 月 19 日李承晚单方将领海权确定为从海岸算起的 199 海里的范围为朝鲜领海。这即是有名的李氏领海

① 此人曾为李承晚的私人医生。

线，它将竹岛等有争议的岛屿全划归朝鲜管辖，在此线内航行的日本船只将一律被缉拿。自 1952 年到 1965 年渔业协定签署之日止，234 只船被缉拿，2734 名渔民被拘禁。

第二，关于旅日朝鲜侨民的地位问题。旅日朝鲜侨民在战争结束时达 200 万人之多，1946 年约有三分之二已自愿返回家园，但新的非法移民活动却又重新高涨。自 1955 年起，汉城拒不接受被遣送归来的非法移民，日本政府于是将越来越多的非法移民拘押起来，关进大村收容所（长崎县）。使汉城感到极为气愤的是，日本红十字会与朝鲜红十字会于 1959 年 8 月 13 日达成一项关于移民的协议，根据这一协议，日本将大批自愿返归朝鲜的朝鲜移民遣返朝鲜（从 1959 年至 1967 年达 88000 人）。

第三，关于赔款问题。根据推算，韩国认为有充分理由向日本要求 23 亿美元的赔款。日本人并不对此数字直接提出异议，而是提出殖民时期日本用于旧殖民地朝鲜的各种款项，估计总额为 720.56 亿日元，即 46.8 亿美元，反过来同韩国算账。

由于日方谈判代表傲慢无礼，自恃其殖民行动为合法，以致争端激化会谈艰难。日方首席代表久保田贯一郎以此口气于 1953 年 10 月 21 日发表声明，结果导致谈判中止 4 年半之久。谈判后来由于岸信介的影响有了转机，岸信介希望以此为条件来加强亚洲反共战线的力量。同时，与日本为敌曾是李承晚民族主义的基石之一，故李氏的下台也促进了谈判的进展。最后，1965 年 6 月 22 日，在东京签署了一系列协定，对过去作了总的清算，其中包括：恢复外交和领事关系的协定，废除李氏领海线后的渔业协定，关于解决双方债务、债权的协定，日本向韩国提供 3 亿美元的战争赔款和 2 亿利率为 3.5%的贷款的协定、移民协定和一个关于日本人拥有的朝鲜文物的处理方式的文化协定。

如果不考虑民众意愿的话，至少在两国政府层级上日韩关系从此揭开了新的一页。日本对韩国发展大力合作，首先是执行由上述各协定规定的各项计划，然后是向韩国提供新援助和新贷款，包括私有的和政府的，根据经济合作与发展组织的统计，直到 1981 年韩国拥有的日资总额可以如下数字表示：①

1977 年	144.3	百万美元
1978 年	634.3	百万美元
1979 年	505.2	百万美元
1980 年	322	百万美元
1981 年	538.2	百万美元

然而时断时续地仍有一些事件激起日韩之间的互不信任。最大的两次恶性事件为：一是韩国在野党领袖金大中于 1973 年 8 月 8 日在东京一家旅馆被汉城中央情报局绑票；二是 1974 年 8 月 15 日在汉

① 日本环太平洋问题研究所《南北朝鲜总览》，第 1 卷，东京，1984，第 63 页。

城发生的由旅日朝鲜人制造的暗杀朴正熙总统的行动，总统夫人在这次暗杀中丧生。

1980 年全斗焕总统上台，韩国领导人全部刷新，对于年轻的新班子说来，过去已经淡漠了。有人将这一时机喻作日韩关系史的“第二次正常化”，中曾根康弘 1983 年的第一次正式出访，便是访问韩国。而且，1984 年 9 月全斗焕总统作为国宾访问日本时，日本天皇以谨慎但明确的措词当面向他表示，日本对在朝鲜的 35 年殖民行动认错。自此，新的一页历史真正开始了。

余下来的是朝鲜内部的关系问题，这是汉文化圈诸国里最大的难题。但是，15 年来，北南朝鲜通向和平的总趋势是有目共睹的，这一趋势的发展是缓慢的但却极有规律，它们大体经历了如下几个阶段：

1970 年 8 月 15 日，朝鲜独立 25 周年大庆，朴正熙总统宣布放弃李承晚的武力攻占北方的战略，如果北方愿意放弃使用武力，韩国随时愿意同朝鲜会谈。一年以后，1971 年 8 月 6 日基辛格访华之后，金日成建议，同朴正熙会面并组成一个由双方各大党派组织代表参加的议会来研究国家统一的条件。汉城接着建议将会谈规模限定于双方红十字会的水平上，以利战争中离散的朝鲜家庭重聚。平壤原则上同意了这一建议，于是，从人道主义水平上开始了最初的接触。

在政治方面，1972 年 5 月至 6 月，韩国情报局局长李厚络与朝鲜共产党组织部长金英柱会谈，并达成“七·四”共同声明，宣布：一、双方在承认社会制度不同的前提下，寻求和平统一朝鲜的办法；二、停止互相攻讦和武力暗杀行动，促进缓和。同时还决定开通汉城与平壤之间的特别电话线路。

截至 1978 年，双方红十字会代表团大大小小的接触有如下几次：

——自 1971 年 9 月 22 日至 1972 年 8 月 11 日

举行了25次板门店会谈；

——一直到1977年7月为止，在各自首都交替举行了7轮会谈；

——到1977年12月9日止，在板门店举行会谈7次。

然后，一直到1984年9月8日才有一次新的接触。是年韩国发生特大水灾，朝鲜决定提供救援并建议举行会谈。出人意料，韩国接受了朝鲜的援助，和谈重开。[①] 汉—平特别电话线路于1978年8月30日中断，1980年1月11日重开，同年9月25日又被割断，这一次又重新开通。尽管1984年11月23日板门店的严重事件（由1名苏联旅游者越境进入韩国而引起的一场枪战，造成4人死亡——3名朝鲜边防卫兵和一名联合国兵士），双方红十字会代表仍然于1985年5月28～29日举行会谈，并就离散家

① 《大公报》，香港，1984年10月8日。《朝鲜新闻》，汉城，1984年10月13日。

庭问题达成一项协议。

在政治方面，由1972年“七·四”共同声明而组成的南北调解委员会自1972年10月至1973年6月举行过3次会谈，此后无限期延迟。但板门店会谈并未完全停止，到1975年3月4日为止，双方干事委员会谈3次，副委员长会谈10次。1980年接触又重新开始，双方首脑互致书信，并第一次互相以对方正式国名相称。自同年2月6日至8月20日，双方在板门店接触10次。

1985年6月8日，汉城就北朝鲜关于双方议会代表会谈的建议作出积极反应，政治对话有了新的进展。另外，其他方面的接触也使缓和有所加强。在体育方面，双方曾于1984年就共同参加洛杉矶奥运会问题进行过商谈，但未达成协议，朝鲜也未参加该届奥运会。1985年双方又就关于1988年汉城奥运会举行谈判。在经济方面，1984年11月开始谈判并于1985年6月20日达成一项协议，组建一个副总理级的双方委员会，负责经济合作方案的实施。[1]

总之，自1971年来的双方会谈背负着意识形态的重负，步履维艰断断续续地进行着，前进着。

在关于和平实现国家统一的方式问题上，双方主要分歧在以下几点：平壤首先建议成立一个庞大的人民代表大会来决定未来联邦的形式，在这一联邦里，双方将各自保有自己制度不变。汉城不同意这一建议，提出应先开始双方首脑会谈。直到目前，平壤仍不同意这一建议，因为朝鲜不承认全斗焕总统的代表性，认为他像朴正熙一样是通过政变而登上权力宝座的。另一方面，如果说两个朝鲜都建议统一应该在无外来干涉的情况下进行的话，那么平壤则认为美军从朝鲜半岛全部撤出是理所当然的，但汉城却将驻韩美军看作抵御武装压力的不可缺少的保证。

---

① 《大公报》，香港，1985年6月22日。

然而，进展还是取得了一些，平壤所建议的关于联邦的计划里已不再提（高丽）民主联邦共和国，而换成了（高丽）联邦共和国，不再要求南方就镇压 1980 年光州起义一事赔礼认错。汉城也已同意重开谈判而不再将北方就仰光暗杀事件道歉作为先决条件。尤其是在驻韩国美军问题上，平壤已不再坚持其一贯主张的：美驻军问题是一个平壤与华盛顿之间的问题，而将未参加签署板门店停战协议的韩国排斥于外的立场，于 1983 年 10 月 8 日转而建议三方谈判。[①] 即使韩国仍坚持统一为两个朝鲜内部的事，但谈判的先决条件正在改变，并且，如果中国愿意作为第四方参加谈判，局势还会向好的方向转化。

形势在发展，自 1984 年来还有加速的趋势。随着中国与日本的对朝政策日渐趋向一致，朝鲜半岛

① 《远东经济杂志》，香港，1984 年 1 月 26 日。《大公报》，香港，1984 年 10 月 12 日。

的局势将日益朝着有利的方向发展。

1971年7月9日，中国代表在缺席5年之后重又出现在板门店停战委员会，这一事件同基辛格的北京之行相吻合，金日成于此时作出第一个和解的姿态绝非偶然。如果说两个朝鲜接触的第一个目标是解决离散家庭的人道主义问题，而此问题又是中日会谈中受到公众舆论广泛关注的一个重要议题的话，那么这绝非巧合。[①] 如果说1984年10月北南朝鲜双方红十字会重开决定性的谈判之时，正值中国于1984年5月同意与韩国红十字会就同样性质的问题进行谈判之后的话，这也绝非巧合。同样的，平壤在北京邀请韩国田径运动员的同时（韩国网球运动员于1984年2月29日抵昆明参加大卫杯东区比赛）同汉城开展体育外交也绝不是偶然的。另外，北京1990年第十一届亚运会的准备工作和中国申请

---

① 《朝日新闻》（东京）1984年4月20日。

举办2000年奥运会的活动使中国体育外交具有极为重大的意义，平壤将参加1986年亚运会，并进而参加1988年汉城奥林匹克运动会。

1983年，在东亚外交舞台上发生的重大的戏剧性事件之一便是由中国民航一架客机被劫持到韩国而引发的中国、韩国关系的新进展。自此，韩国一直希望同中国开展贸易往来，政府色彩极浓的韩国贸易协会东京分会受命研究同中国通商的可能性项目，而韩国私人大企业集团三星则在东京总部设立了中国部。①

日本方面在此10年里虽为韩国提供了40亿美元的新贷款，但却拒绝了韩国于1981年提出的同发展自己军事力量有关的一项100亿美元贷款的要求。1983年1月全斗焕——中曾根汉城联合声明就这一问题已作了明确规定。尼克松——佐藤声明的时代

① 《每日新闻》（东京）1984年6月20日。

已经结束，韩国的防御问题已不再是日本的外交目标，日本现在的外交目标是追求朝鲜半岛的和平。日本可以通过经济途径为这一目标作出很大贡献。而在这一点上，日本已经有所作为，比如，1983 年应中国之要求，日本同意经由朝鲜的门户清津港向中国满洲出口货物。

中国曾多次明确向日本表示，中国遵循日本方面的意愿向朝鲜施加影响，致力于该地区的缓和。一位中国高级官员张香山（国际事务顾问）于 1984 年 4 月接见日本一个代表团时甚至说，如果朝鲜再次入侵韩国，它不会再得到北京的支持。[1] 中国领导人毫不隐讳他们希望有朝一日台湾问题的解决（他们对此怀抱信心）可以为朝鲜问题的解决提供样板。

---

① 《每日新闻》（东京）1984 年 6 月 26 日。

第五章

中国的统一

美国的台湾防御部署分为两个阶段，第一个阶段美军第七舰队奉杜鲁门之令，阻止台湾与大陆间的一切军事行动；第二阶段艾森豪威尔将美第七舰队行动仅限于防止大陆对台的军事进攻。1971 年 7 月 21 日此令撤销，美国放弃对台防御计划。这一行动不仅没有引起该地区局势的不稳，而是恰恰相反。“两个中国”的政策受到海峡双方的反对，曾经使台湾海峡处于一种潜在的战争状态。相反，随着台湾当局越来越“不被承认”，冲突的“非国际化”带来了武装行动的结束。台湾最后一次海空军事行动是

1969年2月2日，[1] 曾造成两艘中国大陆船只沉没于闽江江口。1979年1月1日，北京正式宣布停止对台湾所属各岛屿的炮击。

的确，针对美国不断重述的关于希望“见到台湾问题由中国人自己和平解决”的声明（1972年上海公报语），中国政府则一再提起中国保留在必要时使用武力的权利。然而，按目前中国武装力量的水平，军事进攻基本没有可能。据估计，要成功实现登陆，进攻军队必须多于防御部队五至七倍，这样中国必须调离大量的边防驻军以集中必需的军力，然而在相当多的边疆地带，中国都面临着众多的怀有敌意并具备强大进攻能力的敌手。换句话说，尽管中国大陆军队与台湾军队相比在绝对人数上具有

① 本章资料主要来源为石丸和人他《战后日本外交史》，东京，1983，第171～284页；若菜正义《蒋经国时代的台湾》，东京，1978。另外，可在《台湾总览1983年》，东京，1983，第48～95页中找到一个极好的关于台湾与大陆自1945年8月至1983年4月关系的大事记。

压倒优势，但由于中国大陆军队分散在广大的国土上而不能集中，故而这一比较优势是毫无意义的。

北京当然还可以用原子武器摧毁台湾而不冒任何风险。因为台湾不具备任何核威慑手段，1975 年 9 月 17 日当时任“总理”的蒋经国甚至发表过不制造核武器的声明，然而彻底摧毁自己的一个省，不管这个省是多么不驯服，对于中央政权说来又有什么好处呢？从北京企求的重新实现国家统一的观点看，这难道不比国家彻底分裂的后果更为恶劣吗？所以，诉诸核武器的假设是十分荒谬的。

从长远看，也不要指望北京会在常规武器水平上占优势。台湾武器工业发展迅速，并将会很快摆脱依赖从美国进口武器的状况，包括那些高级常规武器。

只有唯一的一种情况可使大陆军事干预被人们接受，即台湾发生内乱。但毫无迹象表明这一情况可能发生。而相反，一切都表明台湾地区的繁荣加强了社会的稳定，即使国民党（我们以下还要谈到）面临着政体上的绝境。台湾当局甚至不惜付出代价，放松政治上的严厉管制，并让党内各派在1969年通过的1948年宪法修正案允许的地方和中央选举中有更多发言的机会。

同人们预料的相反，承认台湾问题为中国内政问题倒使得局势为之缓解，多种大的冒险行动随之成为多余。十分清楚，目前仅仅是怎样找到一个和平解决的方式的问题。这即是为什么中国在继续重申原则上不放弃使用武力的同时，自1979年来采取的惊人的灵活姿态的原因。

自从周恩来于1955年4月万隆会议声明以来，中国政府所发出的和平呼吁已经不可计数，然而，显著的变化是，北京已不再是仅仅在不作任何让步的情况下要求台湾归依，而是就台湾与大陆统一的形式问题作出了大胆的建议。在1978年12月16日《中美联合声明》中，中国开始将“解放”台湾的用语改换成“台湾回归祖国”和“统一祖国”。在1979年1月1日中国人大常委会《告台湾同胞书》中，①台湾政权不再被称为帝国主义的走狗，并从此以“台湾当局”代之。特别是1981年9月30日国庆节前夕，人大常委会委员长叶剑英向新华社宣布了促进台湾回归祖国的九条方针：②

1. 国共两党重开谈判，实行第三次合作。

2. 双方共同为通邮、通商、通航、探亲、旅游以及开展学术、文化、体育交流提供方便，达成有关协议。

3. 统一后，台湾可作为特别行政区，享有高度的自治权，并可保留军队。

4. 台湾现行社会、经济制度、生活方式不变，私人财产及与外国的经济、文化关系不变。

---

① 《新华日报》，北京，1979年1月。《新中国年鉴》，东京，1968—1984，1980，第329～330页。

② 《新华日报》，北京，1981年10月。

5. 台湾当局及各界可担任全国政治机构的领导职务，参与国家管理。

6. 台湾地方财政遇有困难时，可由中央政府酌情补助。

7. 台湾人士愿回大陆定居者，保证妥善安排，不受歧视，来去自由。

8. 欢迎台湾工商界人士回祖国大陆投资，兴办各种经济事业，保证其合法权益和利润。

9. 欢迎台湾各族人民、各界人士提供建议，共商国是。①

九条方针迈出的步伐之大，以致需要修改宪法。1982 年 12 月 4 日，五届人大五次会议在宪法第 31 条上又增加了一款关于建立特别行政区的补充规定。② 这说明九条建议中关于特别行政区的特殊地位乃为最重要的修改。这里请不要将特别行政区混同

① 译者注：九条方针译文参照中文原文，略有更动。

② 《新中国年鉴》，东京，1968—1984，1983，第 234 页。

于自治区，如西藏自治区。自从中华人民共和国成立以来就建立的自治区体制是为了照顾落后的少数民族地区，其自治程度是不能同特别行政区相比的。所谓特别行政区是适用于经济相对发达的汉族地区的。同样的，也不要同创立于1979年的“经济特区”相混，经济特区是指那些在具备特别有利的条件的地方设立的旨在吸引外国投资的特别区域。

可以说，中国开放的程度是前所未有的，超过了所有社会主义国家的开放。同时，中国政府接连不断地，甚至以私人名义向台湾领导人发出呼吁。

所有的呼吁都没有得到回应。台湾当局严守1979年1月12日台湾“行政院”院长孙运璇就1月1日北京《告台湾同胞书》所作声明的立场，不敢越雷池一步：国家统一是所有中国人的愿望，但共产党必须“放弃毛泽东思想，放弃世界革命，废除人民公社，恢复私有制。”[1] 台湾只愿在孙中山“三民主义”的旗帜下谈判中国统一。

然而，尽管台湾拒绝同北京进行任何形式的接触，一种无声的对话却开始了，并且日益扩大。

首先在贸易方面，自 1979 年以来，两岸之间的转口贸易有了很大的进展。让我们看看台湾通过香港向大陆出口的统计数字：[2]

1978 年	24 万港元
1979 年	1.065 亿港元
1980 年	12.054 亿港元
1981 年	21.82 亿港元

这一不同寻常的增长速度得力于中央政府对台湾物品进口的鼓励政策。在 1979 年 12 月中央政府授权香港和澳门中营企业直接购买台湾产品后，于

---

① 彭怀恩《中华民国政治体系的分析》，台北，1983，第 40 页。

② 《九十年代》1983 年 8 月，第 48 页。

1980 年 4 月进一步取消了台湾进口商品的海关税。大量台湾产品的涌入给地方工业带来了一定的威胁，1981 年下半年中国确曾对海关税重新作了规定。但是，在中国销售的台湾产品仍然自由地注明产地。

在另一方，由于中国大陆当时的工业还不足以与台湾地区竞争，向台湾出口也主要属传统产品。所以出口无法达到从台湾进口货物的同样规模。但是据统计，大陆通过香港向台湾出口产品的贸易额仍从 1978 年的 2.19 亿港元上升至 1981 年的 4.27 亿港元。在此期间，台湾地区对大陆产品的进口一直是禁止的，但在 1984 年台湾撤除了对某些传统中药材的进口禁令。

1984 年，台湾地区与大陆之间通过香港的转口贸易高达 5.6 亿美元（43 亿多港元），人们估计 1985 年将达到 10 亿美元。[1] 这一形势不免使台湾当局感

---

① 《大公报》，香港，1985 年 6 月 26 日。

到忧虑，因为他们担心北京以此向台湾施加压力。

科技文化方面，现在台湾与大陆的艺术家、作家至少可以毫无问题地在国际会议上会面，而前不久这种会面还是被禁止的。

体育方面，1979 年当中华人民共和国被接纳进国际奥林匹克运动委员会时，“中华民国”委员会（台湾）拒绝改名为中国台北委员会而立即退出奥运会。然而，他们却又很快改变了立场。1980 年，台湾与大陆的田径运动员第一次共同参加了在洛杉矶举行的一次比赛。[①] 自此，运动员多次相会，特别是 1984 年洛杉矶奥林匹克运动会。

同时，两岸人民的接触也越来越多，台湾渔民海上遇险被大陆营救并受到欢迎后又返回台湾港口的事已屡见不鲜。1980 年，台湾当局允许一条德国

① Sanfozd, D.C.《台湾与中华人民共和国的未来联盟》，伯克利，1981，第 58，86 页。

船上的17名中国水手在基隆登陆并受到友好接待。[1]尽管台湾当局一直禁止台湾民众赴大陆探亲，但仍然有众多的台湾人回大陆探亲，探亲者的护照可以不被大陆海关盖印。通过日本和香港由福建寄往台湾的信件由20世纪70年代的每月3万封增至1982年新年左右的每月30万封。[2] 1984年5月，台湾立法委员陈月瑛致信“行政院”，建议“适度”开放台湾边境，允许大陆亲人赴台与其家人聚首。[3]

显然，中国两岸之间的无声对话已远较北、南朝鲜之间的明示的对话富有成效。台湾不久将面临与北京谈判一途，别无选择。如果说现在台湾还未走这一条路，那是因为目前台湾政权其本身处于史上最危险的转折关头，既面临着不久即将到来的权

---

① Sanfozd, D.C.《台湾与中华人民共和国的未来联盟》，伯克利，1981，第59页。

② 《每日新闻》，东京，1980年1月18日。

③ 《大公报》，香港，1984年5月5日。

力交替中怎样继续国民党统治的考验，又遇到必不可免地改革国家制度的难题，自感力不从心，不敢冒险，认为同大陆对话的时机还未来临所致。

实际上，今天台湾政权的命运较蒋介石统治后期黯淡。当然众所周知，“老总统”身后，会有其子蒋经国出来执掌政权而保证政权的连续性，蒋经国曾在大陆担任过地方领导，作风廉洁勇武，后担任“总理”时更显得出类拔萃。他于台湾的发展，功绩最大，但当他于 1984 年 3 月开始第二个 6 年总统任期时已是 74 岁高龄了，并患有糖尿病。1983 年和 1985 年其健康状况曾两度引起严重关切，因而 1984 年的“副总统”人选就变得特别事关重大。出人意料的是，他最后选择李登辉出任“副总统”似乎就是由于李氏不具政治野心。在此几个月前，1983 年 5 月 9 日，一直被看作台政权的第二根台柱王升将军被免职，原因显然与李氏上台正好相反。李登辉以地道的台湾人入居如此重要的位置（其前任谢东闵为“半山”台湾人，即是说曾在大陆任职），标志着国民党直到当时高级官员全由大陆派担任的状况明显断裂，由命运之神突然推至前台的李登辉将如何作为呢？谁也无法预料。

1984 年 2 月 24 日，孙运璇突患脑出血，“行政院院长”也必须更换。新任“行政院长”俞国华，70 岁，与其说具有政治意识还不如说他善于理财。他奉行僵硬的保守主义，墨守成规，不对内政外交问题作出回答。这种姿态能够持续多长时间呢？

随着台湾制度日渐迫近的危机，问题变得日益尖锐。台湾政体一直以一种虚构的适应于整个中国的形式而维持至今，这种虚构是为了无限期地延长自 1948 年以来当局主要代议机构议员的任期，以此使 1949 年大陆迁台人士（在 1900 万人口中大陆人不足 200 万）控制一切政治权力。然而随着时间的流逝，出现了一种日益向相反方向发展的形势，1984 年 2 月最后一次“国代”大会上所出现的令人惊愕的场面便是这一现象的显现。[①]

1948 年“国代”大会拥有 2961 名议员（“宪法”规定为 3045 名），其中只有 1400 多名迁居台湾，“国大”会减小了一半。35 年来，这 1400 多名议员中又有一半死亡。按照成文规定（此规定受到广泛批评），只有当 1948 年当选的议员去世后，才能由获票最多的竞选者替补，这一做法使得“国代”会 1984 年仍拥有 1064 名成员，1034 名出席了 2 月的“国代”会，其中补加议员仅有 75 人。“国民代表”平均年龄为 72 岁，其中 200 多人已超过 80 岁，在该大会开会期间，2 位代表去世，动用了 40 名医生和 100 名左右的护士。40 多个代表是乘轮椅来参加大会的。每个“国会代表”所领月薪 2.4 万元新台币（800 美元）中，800 元被抽出来以应安葬每月去世代表之需。这一完全由国民党把持的由老弱多病

① 以下史实据《七十年代》，1964 年 5 月。

的代表组成的元老会议没有执行过一次“宪法”所给予它的创议权和公民投票权，它仅仅是为了认可由国民党决定的“总统”或“副总统”的决断而存在的。

当最后残存的老头儿成为少数派而新替补的代表成为多数派时，修正“宪法”势在必行，而承认台湾为一实体也就大势所趋了。“二・二八”事件马上就半个世纪了，[1] 台湾本地人与大陆迁入者的对立也渐渐淡化了，地方行政已主要为台湾人所把持，经济力量也在台湾人手中，但政治决策大权则全由大陆人所掌握。按照自然法则，当政治权力转移到本地人手中后，会发生什么事情呢？

首先应看到，不存在一个台湾族，而除了本地人数极少的少数民族外，台湾岛上居民主要是近几个世纪以来从中国大陆移居而来，这些移民纯属汉

---

① 1949 年 2 月 28 日，国民党出兵血腥镇压了由 1 名警察打死女香烟商人事件而引发的大规模的示威游行。

族。台湾实体只在省区意义上而非在国家意义上存在。而且“台独”运动至今已无足轻重。[1] 台湾人所要求的远远不只是“独立”，他们希望保持其生活水平，继续在自治的水平上发展、繁荣。实质上，北京所建议的完全自治正符合了他们的愿望。这里问题不在建议的内容，而在建议的可信性。

这一可信性，北京决心通过保证其兑现对香港所作的许诺来证明，实际上只是在关于台湾问题的解决方案发表 3 个月（原文如此——译者）后，1982 年 1 月中国政府才宣布其关于英国殖民地香港保持现状的政策。中国这样做，甘冒失掉合并作为重要商业与金融中心的香港机会的风险，但由于将解决香港问题作为解决台湾问题的样板，使台湾对前途保持信心，因而有一箭双雕之利。于是，香港决策即是中国在 20 世纪末统一祖国政策的关键；同

① 见《九十年代》，1984 年 8 月号，第 24～26 页。

时由于可以为朝鲜等国作出样板，因而这一决策也是涉及汉文化圈未来的关键之一。如果这一决策获得成功，这将是邓小平的天才的创造。

一直到 1981 年，都还没有任何迹象说明香港会作为中国统一的第一块牌而取台湾以代之。维持现状的政策是中国政策的精髓——现在可以如是说——毛泽东于1959年就已正式同意这一说法。[①] 无论是亲苏的美国共产党的讽刺批判，还是 1967 年“文化大革命”时地方上的领土收复主义潮流都未能动摇这一点。当 1979 年 3 月香港总督 Mac. 勒荷斯（Lehose）访问北京之时，他从邓小平那里获得了对这个问题的令人鼓舞的保证。中国关于收复香港问题的决定，是 1982 年 1 月当英国外务和联邦大臣 H. 爱特金斯（Atkins）赴京为撒切尔夫人中国之行铺路时，由中国总理赵紫阳第一次透露的。十分明显，

① 关于此点，请见《七十年代》中关于中国政策的回顾。

中国决心将 1981 年 9 月 30 日所作关于台湾问题解决方式先在香港施行。原因很简单，香港完全在中国的股掌之中，香港各部分不同的法律地位和地理条件使中国可在各种条件下控制局势：无论是预定日期还是全权决定领土治理。

英殖民地香港由三个极为不同的部分组成：最大部分为新界，1898 年租借给英国，为期 99 年，1997 年为法定回归中国时间；两个较小部分，维多利亚岛（香港岛）和九龙岬，1842 年南京条约和 1860 年北京条约规定永远割让给英国。[①] 这两个较小部分组成现在的香港工业城区。但因其面积太小，一旦同新界分开，即不可能独立存在。

实际上，中国人甚至不承认南京条约和北京条约的有效性，自孙中山以来他们就称这些条约为“不平等条约”。这即是为什么北京只承认香港和澳

① 关于有关香港的历史条约，参见刘伟《香港主权交涉史》，香港，1983。

门的外国行政监管的既成事实，而从不认为有任何法律意义。在中国的地图上，香港、澳门属中国广东省。进入联合国时，中国将此两地从殖民地名单上抹去时并未遭到伦敦和里斯本的抗议。[①] 但中国仍按 1898 年协议条款规定将 1997 年 7 月 1 日作为收回香港主权的日期以便挽回有关国家的面子。

英国人的立场与此截然相反。[②] 他们拒不承认有义务将香港岛和九龙归还中国，企图就香港两小部分的归还达成一项协议并同时就新界归还问题与中国新政府再签订一个——至少是在一段时间内——关于 1997 年后整个香港领土管理的协约。

1982 年 9 月被马洛英纳群岛（Malonines 即马尔维纳斯群岛——译者）胜利陶醉的撒切尔夫人在北京宣称的正是这一立场。铁娘子企望以 1997 年英国

---

① 《香港·澳门》，东京，1982，第 143 页。

② 关于近期中英关系史料，参见 Bonavia, D.《香港·1983》，香港。

人撤离后香港将会衰败为据来威胁中国人，然而中国政府丝毫不为所动，坚定不移地重申中国在排除一切外来干涉的情况下收复香港——无论是新界还是香港岛及九龙——主权的决定。中国的态度使撒切尔夫人按捺不住，对着英国广播公司（BBC）的话筒叫嚷“一个国家既可以不尊重一个条约也就可以不尊重其他的条约”。

撒切尔夫人的叫嚷并未激怒冷静的中国人，他们认为长期的英国香港殖民史使许多问题悬而未决，要双方共同解决，准备1982年10月6日北京谈判桌上见。

谈判开始极不顺利，双方仍就如何看待旧条约问题争论不休。直到1983年3月撒切尔夫人通过英国驻华大使向赵紫阳递交一份书信后，谈判才开始有了转机。虽然此信内容没有透露，但北京方面的解释说，伦敦决定接受北京的观点。于是谈判在新的基础上继续进行。下面就是谈判的简单内容和结果。

英国不再坚持中国接受他们的立场，因为如果中国单方面决定收回香港，英国将无法抵制。中国不是阿根廷，人们久有所闻，只要中国切断大陆供港水源，香港即刻陷入瘫痪。

至于中国人则可以毫无阻碍地排除英国人独立地决定香港新政体的命运。然而，为了避免损坏这一大都市的前途，引发香港居民的信心危机和使统一中国的政策破产，中国政府当然希望通过同英国政府——世界上对自由原则要求最为苛刻的政府签署一项协议来表明中国政府政策的可信性。为了达成这项协议，中国未就其关于“不平等条约”的原则作任何让步，但中国政府至少接受——正如人们所见——使收复香港的时间与1898年条约规定的时间一致。这一点使不列颠政府有了一条法律依据足以使其决定获得议会通过。因为议会的批准是英国政府签约必不可少的，至少对于香港的那两部分已经作为英王的永久殖民地的土地是如此。

在英国人方面，他们知道中国人虽然声称协定是多余的，但实际上对其政策生命关系重大，因而利用这一点尽可能多地在协定里写上香港人和英国议会认为的关于保护香港现行生活方式和生产活动延续的条款。

这即是谈判第二阶段的议题。第二阶段包括在北京举行的 22 次会谈，每次会谈持续 2 天，第一次于 1983 年 7 月 13 日举行，最后一次于 1984 年 9 月 5 日至 6 日举行。谈判出现过一些波折，尤其是通过香港舆论和金融市场指数的升降表现出来。在此我们不评究这些细节，只是指出，中英双方都严守保密协定，关于谈判的内容几无泄露；随着谈判进展，透过中方高级领导人或中国驻香港权力机关的多次引起轰动的声明，中方的立场越益明显和灵活自由；自 1983 年 8 月中方不止一次地宣布最初的会谈取得了积极成果；后又宣布如果在 1984 年 9 月前达不成协议，中方将单方面停止讨论对所有有助于悬而未决问题的解决的条款；1984年9月26日，中华人民共和国成立35周年前夕，协定终于最后签署。

中英协定是以简单的联合声明的形式发表的，没有用条约的形式，因为这同中国的传统是绝不相容的。如果我们不谈声明的细节的话，其内容[①]主要是将香港划为特别行政区，正如中国向台湾所建议的那样，只不过是在一些基本点上更为具体罢了。香港的自治不允许其拥有自己的独立的防卫力量，北京没有理由作出如此规定，因为香港在此方面一直依赖中央政权的。另外，声明第五款规定组成一个中英联合工作小组保证1997年以前香港的秩序和稳定，以使主权移交顺利进行。1985年5月此小组成立。

这一文件显示了中国政府方面所作的比人们预

① 《大公报》，香港，1984年9月28日。

计更为广泛、更为具体和更为重大的承诺。但是这些都远远没有消除忧虑。这些忧虑主要来自两方面：一是技术性的，人们担心作为“一国两制”即资本主义制度和集体主义制度在同一个社会主义国家共存的原则无法落实，而这一原则是特别行政区的基石；另一方面则是政治性的，人们认为无法证明北京承诺的可靠性，一旦香港主权回归中国，这些承诺是否仍然奏效。这一点当然只能留待历史去证明，但我们却应该承认，中国已经赢得了第一轮的胜利，因为香港的经济与金融生活运转正常。

此外，在 1997 年以前，人们可以静观澳门事态的发展。澳门对香港的示范作用恰如香港于台湾的作用。

澳门由澳门半岛和述仔岛、路环岛组成，加上其所辖水域不足 25 平方公里，人口 30 万略多。97% 为中国人。与香港不同，由于澳门港湾极浅，在帆船航海的时代结束后，商用船只几乎无法停靠，所以未能发展起来。澳门的主要产业为赌博业，1983年收入为15亿澳元[①]（比价与港元大致相当），其工业90%为纺织业，产值在5亿澳元左右[②]（此乃1974年的数字，但不会有大的改变）。

澳门在经济上虽无足轻重，但在政治上却十分有意义。由于中国与葡萄牙之间力量对比的彻底变化，澳门成为一个真正的在资本主义领土上的中国的保护地。

葡萄牙人入居澳门的历史可以上溯至16世纪中叶，澳门开始是以每年一定租金租给葡萄牙人的，这种情况一直持续至1849年。1887年3月26日，中葡协定将澳门割让给葡人作为永久殖民地。“文化大革命”大大地强化了中国对澳门的影响，自1967年以来中国人便事实上控制了澳门，开始是通过本

① 《远东经济杂志年鉴》，1961……1965，香港，1984，第210页。

② 《香港·澳门》，东京，1982，第141～142页。

地最强有力的实业家何贤，1983 年他死后又是由中国商会会长马万祺来实现的。

1974 年卡达诺政权被推翻之后，里斯本新政权就北京对澳门的态度进行猜测。然而中国人听而不闻，他们不希望伤害香港人的神经。当 1979 年中国与葡萄牙恢复外交关系时，曾明确指出，澳门是中国领土的一部分，暂归葡萄牙代管。澳门按葡萄牙制度实行内部自治的地位已于 1976 年颁布，由里斯本任命总督，设立由选举产生的立法议会。然而，由于澳门的中国人对选举毫无兴趣，因而为当地以小白人（中葡混血）为首的葡萄牙人和中葡混血人争取某种社会民主的行动提供了市场。北京无意鼓励如此的政治计划，大力支持当地总督梅罗·爱基铎（Melo Egidio）将军。

爱基铎的继任，海军上将 A. 科斯达（Costa）施行了一项野心勃勃的政治计划，大力加强他于当地行政机构和大众媒介的权威，因而引起了当地葡萄牙小白人的强烈不满。为了摆脱这些混血白人，他利用与议会的一次冲突，经里斯本批准，1984 年 2 月以议会没有足够的中国代表为由解散了议会。中国政府当时对此事并不满意，① 认为他们并非只有通过一个全由中国人组成的议会才能起作用，中国政府实际幕后操纵着澳门的一切。然而随着时间的推移，关于香港问题的谈判已有进展，北京的观点发生了急剧的转变，这一点在当年 8 月 15 日举行的大选和选举前的竞选活动中看得十分清楚。② 一反以前对选举不闻不问的习惯，此次中国居民参加的人数大为提高。几个星期内，登记参加选举的人数从 4000 名猛增至 51464 名，参加间接选举的法定社团数从 82 个增至 141 个。51%的登记者参加了投票。

这一史无前例的选举使中国人获得直接选举 6 个议席中的 4 个，间接选举的所有席位。更耐人寻

---

① 《争鸣》，香港，1984 年 4 月，第 19 ～ 21 页。

② 以下史实据《七十年代》，1984 年 9 月号，P.20 以下。

味的是，在一个由中国商会赞助的联合会名单上，中国“左”派人士同葡萄牙小白人的名字排在一起。澳门总督现在应该同新议会和解了。这个议会一下子为亲北京势力所控制，并且出人意料地同下层葡萄牙人结成了联盟。这一事态还伴随着中国国家与地方政治关系的加强。1983 年，澳门出席广东人民代表大会代表由 3 人增至 7 人，出席全国人民代表大会代表由 2 人增至 3 人。这一切都表明澳门政治气候的深刻变化是为自治作准备的，这将为解决香港问题提供经验教训。1985 年 5 月，葡萄牙共和国总统伊阿内斯（Eanes）将军访问北京，中国政府向其表示解决澳门问题的时机已经成熟。

最后，我们应该提请注意一下，在众多的影响中国统一的方式因素中，还有一种因素不应被忽视，即有时被称作“第三中国”的海外和新加坡华人。他们同中国有待收复的失地有千丝万缕的联系，在世界上是一张特殊的王牌，中国政府现在终于懂得了他们的价值，其对海外华人政策的变化便是明证。

“海水流向哪里，中国人就走向哪里”，这是中国的一句民谚。中国人确实散布于世界各地，尽管他们主要集中在东南亚。据估计，1980 年海外华人总数为 1970 万人，其中 1750 万人集中于亚洲（含新加坡，不含香港、台湾）。[①] 从欧洲眼光看，这一数字相当于一个相当大的国家的总人口。虽然他们没有什么政治分量。因为他们分散在世界各地。然而分散并不意味着没有内聚力，靠着内聚力，他们特别是在无组织的第三世界大大发展了其经济力量。根据日本大经济刊物《日本经济新闻》1979 年的调查，在印度尼西亚，中国人（占人口的 3%）掌握着该国 70%的资本；在菲律宾，中国人（占人口的 1%）掌握着 60%的商业行业，如果算进小商业的话，甚至达 70%；在泰国，曼谷银行（1979 年

① 数字见《十年来华侨经济》，台北，1981。

占国家 16 家商业银行总资本额的 37%）[①] 完全由中国潮州移民陈氏家族所控制。[②] 海外华人并不仅仅兴盛于第三世界，“王安研究室”（Wang laboratories）是美国最先进的小型电脑公司之一，1980 年《财富》（Fortune）杂志将其列为美国 500 家大公司里的第 457 位。[③] 1970 年，根据上述日本报纸“第三中国”的国民收入——姑且如此言之——1970 年达 70 亿美元，其中东南亚华人占 60 亿美元（不包括新加坡），[④] 相当于泰国国民生产总值，而泰国人口高出 6 倍。据估计，1983 年，华人在东南亚各国的财富约为 500 亿美元。[⑤]

中国的海外华人既是投资者，又是中国经济走

---

① Lee, S.Y. Jao, Y.C.《东南亚金融结构与货币政策》，伦敦，1982，第 301 ～ 302 页。

② 日本经济新闻社编《华侨》，东京，1981，第 31，17，20 页。

③ 日本经济新闻社编《华侨》，东京，1981，第 44 ～ 45 页。

④ 日本经济新闻社编《华侨》，东京，1981，第 17 页。

⑤ 《七十年代》，1985 年 7 月，第 55 页。

向世界的中间人，是中国最为宝贵的人力资源。日本调查者认为，二次大战后日本之所以能在亚洲取得商业优势，其秘密之一便是同海外华人的成功的合作。[①]

同香港、澳门、台湾等地同胞结合起来，海外华人就组成为一个 5000 万高质量的人类群体。这一群体不仅是连接中国社会主义经济与资本主义世界市场经济的纽带，而且是恢复汉文化圈凝聚力的中介。他们属于这一文化圈，并将影响本区域的现代化进程的方向。

① 日本经济新闻社编《华侨》，东京，1981，第 2 页。

第六章

中越危机

正当中日新关系建立，中国关于统一祖国的政策日趋开放，北南朝鲜的关系缓慢地但无可争议地好转，汇成一股不可抗拒的有利于消除东亚对立的历史潮流之时，这一地区却出现了一个人们没有预料到的新的紧张点：中越边界冲突。[1]

1978 年 3 月 24 日，越南胡志明市发生打击华侨商人事件，自此开始了中国华侨的大批逃难，这一事件于是成为中越分歧公开化的导火线。中国立

① 本章材料除注明外，均见鹿刚《中越关系》，东京，1978。《东南亚要览》，第一章，东京，1983。

即对越南的行为作出反应，内容包括：逐渐停止对越南的经济援助（1978 年 4 月 12 日、30 日和 7 月 3 日决议）；关闭广东、南宁、昆明三地的越南驻华领事馆（1978 年 7 月 1 日），切断中越边界通向河内的一切铁路、公路等交通要道（1978 年 12 月 12 日）。

越南于此时出兵柬埔寨并于 1979 年 1 月 10 日建立了一个以韩桑林为首的新柬埔寨共和国。这一共和国于当年 2 月 18 日同越南签署和平友好条约。中国为“教训”越南，同越南交战 16 天，中国军队于 2 月 17 日凌晨 5 点越过边界，占领老街、高平、谅山及其附近地区。3 月 5 日，中国军队受命班师，3 月 16 日全部撤出越南。[①]

此后中越举行过 2 轮会谈，第一轮于 1979 年 4 月至 5 月在河内举行，第二轮于 1979 年 6 月至 1980

① 该战争在李文健《中越战争》中有翔实的记载，香港，1981。

年 1 月在北京举行。[1] 后来，中国拒绝一切关于与越南重新谈判的呼吁，两国边界冲突屡有发生。每当越南军队在柬埔寨发动旱季攻势进攻红色高棉游击队时，边界冲突便明显加剧。

如此激烈的中越争端究竟是什么性质呢？实际上真正属于中越之间的问题只有三点，除去上面已提到的越南华侨和柬埔寨问题外，还有就是中越海陆有争议的边界问题。对此我们下面将作分析。实际上这三个问题没有一个是不可解决的。中越关系恶化的真正原因当首推越苏亲近。

战争期间，越南领导人最关切的是如何赢得各个不同的同盟国的支援，因而在中国与苏联之间严守中立。西贡解放以后，越南急不可待地表明它已经在中苏间作了选择。一边是苏联，世界第二大经济强国，战争中特别是在 1963 年美国轰炸越南卷入

① 《远东经济杂志年鉴》，1961……1965，香港，1982，第 262 页。

战争初期，为越南提供了绝大部分必需的军事装备；另一方面是中国。1956 年越南按照中国的样板进行了土地改革，结果十分不佳，越南曾一度陷入困境。自此越南对中国的“大跃进”“人民公社”和“文化大革命”反应越来越冷淡。1975 年 10 月，黎笋访问莫斯科，与勃列日涅夫发表联合声明，宣称两国对外政策完全一致。苏联同意向越南提供援助，不久越苏签订战后苏联对越南两项援助协定，一项将立即付诸实施，一项为越南第二个五年计划提供援助价值 25 亿美元。1976 年 2 月，黎笋赴莫斯科参加苏共二十五大，发表讲话指出越南的胜利主要归功于苏联的援助。

相比之下，越南与中国的关系则已相当冷淡。1975 年 9 月 18 日，越共中央总书记黎笋访问北京时也签订过一项经济协定。但黎笋离开北京时没有发表联合声明。接着，1976 年 12 月，越南党一次至关重要的大会第四次代表大会在河内举行，决定将党的名称由劳动党改为越南共产党。在此次代表大会期间，一些最亲北京的领导人被清除出中央委员会，其中包括越南前驻华大使黄文欢。黄后来感到威胁，于 1979 年亡命中国。然而紧跟着的是越共党内和国家机关内对亲中国领导的大清洗。

1977 年 11 月，黎笋又一次访问北京，双方未能就有关问题达成一致意见。这是中越在华侨事件中断关系前的最后一次访问。

自此，越南日益靠拢苏联，甚至不能自拔。1978 年 6 月 30 日，越南成为东欧经济互助会的正式成员，东欧国家虽曾反对，但在苏联的压力下当然没有奏效。同年 11 月 3 日，苏越签订和平友好合作条约，为期 25 年，且暗示将不断合作下去。对于中国领导人来说，这一条约最后确立了越南领导人的反华立场。可以这样认为，这即是 1979 年 16 天战争（指中越边界反击战——译者）的真正原因。北京宁冒大风险，也要向越南表明，越苏同盟对中国并不具备威慑力量。

随着经济上的依赖逐渐加深，越南进而在军事上也依赖苏联。越南本身毫不具备武器生产能力，估计97%的武器装备依靠从苏联进口，2%依靠东德，1%依靠波兰。[①] 这种状况使得越南对苏联唯命是从，听凭摆布，而且随着越南在国际政治上与其邻国的冲突日益加深，这种状况有增无减。众所周知，越南领导人并不缺乏独立意识，然而，外交上陷入内外交困的孤立境地的越南，除去这剩下的空虚的灵魂外，又能到哪里去寻找躯壳呢？无可奈何的越南，只好将自己变成苏联向东南亚渗透的工具。

中国明白越南排挤中国的目的，是为了使苏联渗进印度支那，所以利用越柬冲突大力遏制越南。过去，北京对越南企图重建印度支那统一的野心并不反对。1970年4月24日、25日，河内难道不是在

① 罗石圃《东南亚国家关系论丛》，台北，1983，第251页。

中国领土上面开了一次印度支那统一协商会议吗？这次会议由越南南方民族解放阵线和老挝爱国战线代表参加，人们甚至说，当初北京欢迎西哈努克并促使红色高棉与其结盟，实际是出于越南的要求。范文同私访北京向中国推荐这位已被推翻的国家元首，而同时范雄给柬埔寨游击队做同样的工作。[①] 不管怎么说，有一点是肯定的，即当时中国毫无保留地同意越南的印度支那政策。然而后来在老挝发生的事情使中国人接受了教训。

老挝民主共和国是在越南一手操纵下于 1975 年成立的。越南通过 1977 年 7 月 18 日所签的一项合作协定，奠定了越南与老挝的“特殊关系”，将老挝变成其卫星国，中国被排除在外。自此，北京即利用柬越边界事件来与河内印度支那政策作对。

近些年被红色高棉的宣传煽起的高棉人反越情

---

① 关于这段饶有兴味的史实，参见鹿刚《中越关系》，东京，1978，第 115 页。

绪，实际上有着深刻的历史渊源，这里不准备详谈。众所周知，法国殖民行动正好将柬埔寨从越南人的灭绝种族的行动中拯救出来，殖民政府专横地划分了交趾支那与保护国柬埔寨之间的分界线，这一划分主要是从行政管理上着眼的，并十分有利于交趾支那。在柬埔寨国内，殖民政府任用大量的越南出身的下级官员（60%的教育干部祖籍越南）为安南移民大开门户，实际继续在为此地区的越南化铺设基础。在这种条件下，继非殖民化后民族独立而来的激烈的柬越对立，显然是顺理成章的事。朗诺（Lonnol）统治下施行的反越计划便是最早的征兆。

在边界问题上，西哈努克就已同越南存在深刻分歧，在这一点上，无论是西贡政权还是越南北方或南方的共产党人领导都是一致的。但当时由于战争在即，大敌当前，边界争端未能爆发。一旦战争结束，问题就立刻显现。1975 年 5 月，高棉军队占领了富国和土殊一大一小两个岛屿，此二岛在法国殖民时期划归交趾支那，紧接着越南也占领了属柬埔寨的卫岛（wag）。1976年5月18日，两国在金边举行会谈，同意接受法国十万分之一地图所划陆地边界。这一会谈不仅没有解决岛屿问题，而且给领土问题留下了隐患。高棉人对关于领土边界线的协议十分不满。毫不足怪，这导致了第二年柬越重开边界战争。由于上述我们分析过的原因，中国人此次鼓励柬人进行自卫战争。1977年12月，当时的越国防部长武元甲命令对所有越柬边境上的高棉军事基地发起攻击。12月31日，金边政府与河内断绝外交关系。战争中金边政府不仅在物质上和军事战略上依赖北京，而且还依赖北京在中越边界上对越南的钳制。从这个背景上看，华侨事件也是出于一种钳制的目的。

其实，中越海陆边界问题是同样存在着的。这个问题就像一只制造分歧的苹果，随时可以引起纠纷，然而如果没有上述背景谁也不会提起。

先来看看岛屿问题，因为分歧是从岛屿问题引起的，而且是在河内与金边关于暹罗湾中岛屿归属争端爆发时引起的。1975 年 11 月，中国军队驱逐残匪，占领了巴拉塞斯群岛（Paracels 即西沙群岛——译者），开始引起抗议。值得强调的是，最先抗议的是苏联《真理报》（11 月 22 日号）。确实当 1975 年 4 月越南军队占领斯普拉特利群岛（Spratly 即南沙群岛——译者）中的 7 个岛屿时，中国没有抗议。[1] 不管怎样，我们先不看双方关于主权的论据（这需专书叙述），只看看具体内容是什么。

在中国要求主权的南海四群岛——巴拉塞斯、斯普拉特利、普拉达（Parta——东沙）和马克勒斯费尔德（Macclesfield——中沙——译者）中，只有前两个（分别被中国称为西沙和南沙群岛，被越南称为黄沙和长沙群岛）越南也声称拥有主权。另外，

① 《远东经济杂志年鉴》，1961……1965，香港，1984，第 22 ～ 23 页。

马来西亚和菲律宾政府对斯普拉特利群岛也有要求。然而巴拉塞斯只不过是由 34 个小岛组成的一片泥沙滩，其中最大的两个，乌迪岛（Woody——永兴）和敦肯岛（Duncan——珠航）也仅仅分别为 1.851 平方公里和 0.432 平方公里；斯普拉特利也不过是由 37 个小岛组成的另一片泥沙，其中最大的两岛，伊图、亚巴岛（Itu、Aba——太平）和斯多穆岛（Storm——南威）也仅分别为 0.432 平方公里和 0.147 平方公里。任何一个岛上都没有长驻居民。它们当中最大的岛除曾充作过小渔船或商船的停泊地外几无它用。这些岛没有战略价值：由于其面积太小以致不能建筑任何重要基地。这些岛也无经济价值：鸟粪是其唯一的财富。至于说在这些岛屿一带海底可能（？）蕴藏有油层或天然气，那则是另外一个问题，因为这涉及了总的海洋法问题，海洋法文件繁杂异常，无论有否岛屿，都应由海洋法惯例解决。至于群岛主权则是另一回事，照其无足轻重的地位而言，不应该成为导致紧张的原因。但是随着局势的紧张或缓和，群岛主权问题可以按照人的意愿或成为战争的口实或被完全弃置不顾。

同样，领土争端也是因为陆地边界线的不明确，根据中方材料，中越边界长达 1347 平方公里。[①] 法中有关条约所规定的边界线被北京宣布为不平等条约，但中越之间却从来没有签署过有关边界问题的正式协定，大概因为当时两国友好使得问题易于解决，但忽视了将来可能发生的潜在问题，友谊代替不了需要。关于此问题 1957 年和 1958 年中国共产党中央与越南劳动党中央曾有书信往来，双方明确提出遵守法中条约划定的边界，维持现状，若有争端，只有两国中央政府（非地方政府）有权解决。在当时情况下这些已经足够了，然而今天的形势变了。那么关于这一分歧的来龙去脉究竟如何呢？

---

① 李文健《中越战争》，香港，1981，第 2 页。

1858年6月9日李鸿章与巴德诺（Patenotre）以《中法天津条约》宣布结束中法战争，承认法国对越南拥有绝对宗主权。条约第三款（指《越南条款》——译者）规定，两国政府派遣官员共同勘定中越边界，并在不易分清的边界线上立下界碑。两方于是指定专员查办此事。双方开始在地图上确定边界线，经过激烈争论，于1887年6月26日达成一项“粤越边界勘界”协定。然后，1891年起，中国地方官员和法国印度支那总督府官员开始在必要的地方竖立界标，共立了500多个界碑，指明和确立边界线。这一行动自然带来了一些边界的更改，特别是后来，《中日马关条约》的签订激起了法国新的欲望，于是在1895年与中国签订另一个协定，并对1887年协定作了某些修订。最后，两个条约都为1930年的中法《规定越南及中国边省关系专约》所代替。

边界协定同样明确规定了北部湾内的岛屿归属，

哪些属于越南，哪些属于中国。然而，在20世纪50年代后期那个两个伟大友谊的时代，中国自己将原属中国并有中国渔民居住的几个岛屿让给了越南。这又是一个证明：边界问题是不可能单凭良好的愿望来解决的。

随着紧张局势的加剧，边界问题便恶性膨胀以至于无法解决。越南人甚至指责中国人对黄连山省的铀矿怀有野心，并在边境地区以难以置信的800元1公斤的价格收购来自该省的土！实际上，河内主要焦心的是越南山地的边民，他们为中国边界那边的生活所吸引，那里与他们同族（京族）的居民人数较多而且生活优越。16天中越战争之后，越南政府于1979年3月15日发表备忘录表明其边界问题的新立场。他们对殖民时代所划边界北边的一些地方也提出了主权要求，认为当初法国在旧边界协定中将越南领土让给了清帝国。在那个时代法国作出如此姿态是不可想象的。但无论怎样，目前所谓

“现状”又成为问题了。由于边界往往是冲突的热点，因而边界争端成为中越争论中危害性最大的问题。

过去的重负也不可忘记。在长期的中越交往史上，只要没有其他援助力量，越南总是向中国寻求救援，每一个处于衰败的越南王朝都不例外。然而一旦形势转危为安，越南即刻伺机摆脱，对这个庞大的保护国敬而远之。另一方面，如果说，在由殖民化所带来的西方文化熏陶下的越南人与中国人有深刻的相似性，而本地土著居民早已溶于中国的强大移民洪流中了的话，那么我们也不应该忘记，所有大的进入越南的中国移民潮，一般为中国领土收复主义者所组成，他们从中国带来了怨恨，带来了对那些迫使他们流亡他乡的篡权僭位的王朝的反抗精神。随着时间的推移，可以说定居越南的都是这种反抗者，正是他们执著地捍卫着自己的独立。

不幸的是，这一独立精神，在那些只知战争运筹的越南领导人那里，既被短浅的只知有老挝、柬埔寨的政治目光所束缚，又为原始的教条主义所窒息；既不能明了世界的大势，又不能判断东亚的将来，而自鸣得意地将自己捆在经济和军事强国苏联的缰绳上。这一做法致使今天的越南在政治上、经济上完全孤立于他所属的地理圈子以外，几乎所有的对外交流都被割断，无论是中国，东盟各国还是日本。越南自绝于外的这一地区，即它的邻居（中国），如果说不是当今世界上最强大的地区，也是当今世界最具活力的地区。

总之，越南既在政治上也在经济上完全将自己置身于汉文化诸国之外。从这个意义上讲，中越危机毫不影响这一文化区域的内聚力，因为危机来自外部。在这一代领导人归隐之后，越南的前途如何呢？它是否会成为第二个阿富汗？或者它能否成功地摆脱苏联的控制，解除自己的瘫痪状态？如果能，它是作为一个东南亚国家向东盟各国靠拢，还是重新捡起它已经失去的汉文化国家的特质呢？对这一问题的回答，在相当大的程度上依赖于中苏关系的发展。

自 1982 年 10 月中苏会谈以来，中苏关系已经开始解冻了。但是克里姆林宫的领导人还没有找到他们自己的基辛格。苏联较新殖民主义落后了一个阶段。在东亚舞台上，无论是面对日本，还是面对中国，苏联人都没有及时控制自己的扩张行动。这有可能使苏联在不久的将来付出重大代价。

第三部

文化

第七章

汉字——共同的遗产

中国、日本、越南、朝鲜之间语言的差异，民族特性的区别，远较拉丁、盎格鲁—撒克逊和斯拉夫语系各国之间为甚。然而，汉文化诸国之间不同的文化特质都深深嵌刻在一个共同的心态基石之上，从而又使得这些国家之间的近似性远较西方以印欧文明为基础的国家之间的近似性为强。这一共同的心态基石，就是普遍运用于汉文化圈各国的汉字。为了估量汉字的重要意义，我们在这里必须简要分析一下汉字的特性及其威力，然后再来看看汉字是如何被朝鲜、越南和日本采用的，是以怎样的方式被用来记录各民族的语言，并且深深地渗入到各国的民族文化特性中去的。

如上所述，中国文字不同于我们所熟悉的拼音文字，主要区别是它的表意性。在拼音文字里，文字不是用来记录意念而是用来表现词语，有些作者宁愿将其称为语言记录文字（ecriture logogcaphique）。无论怎样表达都无关宏旨，我们暂且不谈这类习惯用语（它们并非毫无道理），只先来看看马尔蒂内（A. Martinet）[①] 所谈的语节（articulation）概念。从这个概念入手，我们可以获得一个较为严密的表意文字系统（ideographisme）的定义。

根据马尔蒂内的理论，语言的特征表现为它的双重语节。无论哪一种语言，都无例外地在两个不同层面上分节（articuler）：

---

① 译者注：马尔蒂内（Andre Martinet，也译马丁内，1908～1999），法国语言学家、音位学专家。1958 年发表《语言变化布局》（Economie des Changements Phonetignes），发展了特鲁别科音位学理论，成为共时性音位学大师。

第一层面——语义层面——即在语义单位上分节，马尔蒂内将其称为意素（moneimes）；

第二层面——语音层面——即在音素单位上分节，马尔蒂内将其称为音位（phoneines）。

一种文字，即一种以书写符号（书写单位graphies）来表达话语链（chaine du discours）的方式，只能通过所用符号和摄取话语构成元素之间的完全契合来顺利实现。但是双重语节使得有两种摄取元素来表达话语的方式：一个是在第一层面即语义单位上摄取元素，另一个是在第二层面即音素单位上摄取元素。表意文字可以被定义为按照第一种方式组成的文字，拼音文字则是按照第二种方式组成的。

这里的表意文字应该是复数的，因为中国文字不是唯一的以第一种方式组成的文字。古代近东的好几种古老文字都是如此组成的，特别是古苏美尔文和古埃及文。然而，此类文字中只有中国文字幸存下来了。这就产生了一个问题，除中国以外的广大地区，表意文字都已至少是部分地向拼音文字演变并最终归于消亡。除中国文字以外，一切都似乎说明表意方式只能在语言推理程度相对低下的初级阶段才具有操作意义，超过这一阶段后，语言推理更加缜密，只有拼音方式才有足够的操作力量来记录丰富多彩、细密严谨的语言。换句话说，似乎第一层面语言单位摄取法是首先闯入人类思维并用以记录表达思想、语言的，因为它只要求对语言的第一等级的分析把握；但是因为无法适应越来越精细的话语表达的要求，迟早要让位给第二层面语言单位摄取法，即在第二等级上对语言的分析把握，这便是拼音文字的发展。

拼音文字手段在简便和灵活性两点上似乎都远胜于表意文字。说其手段简便，是因为世界上任何一种语言所运用的音位都在几十个以上，或者从较粗略的音节水平上来分析，任何一种语言运用的不同音节都在几百个以上，拼音文字即仅仅需要几十个拼音符号或几百个音节符号就能从发音层次上准确地记录无论以任何语言作出的任何一种话语表述。一般说来，由于从经验性很强的分析出发的记录在没有大的误解的前提下多多少少是近似的，所以人们甚至满足于一个更小数目的书写单位。相反，符素的数目，简单说来即词的数目，即使在一种很不发达的语言中，也会很快发展至数千，并呈不断增长的趋势。第一层次上不同的语言单位的数量使得运用表意方式书写的人必须掌握大量的不同的书写单位，而书写单位的数目则极快地增长着；古苏美尔语就已拥有两千个表意符号。如此庞大的装备不仅不易操作，甚至更难建造。这两个难点使人们很快觉得，表意方式将书面语（discours écrit）限制在一个相对狭小而又不可逾越的范围内。

还有，在第一语节层次即语义层次上对话语链的分析把握是十分困难的。特别是，在所有语言中，都存在着一些语法意素（moneimes gramaticaux）起指示单数、复数、时态的作用，经常十分难以辨认。然而，就其本身性质而言，表意文字就是这样一种文字，对语义的模糊分析是其书写法则赖以建立的基础，而这种模糊分析又立即影响到书写法则精确表达语意的能力。换句话说，由于文字系统不完善而造成最大损害的即是书面语的表达能力，这种书面语只能在相对低下水平上运用，既显不出语义的色调差别（nuances），又无灵活性。相反，从语义分节上讲，拼音文字则具有充分的灵活性。因为它避开了所有语义层上的分析，无论语义分节形式如何复杂，它都被原封不动地照录下来，书写法不触动它。拼音法遇到的是另一种困难，即对语音的音素的分析，这一困难恰恰为表意文字所避开。在一种语言里精确找出音位系列同样是十分困难的。这即是为什么从其赖以建立的基础的角度看，拼音文字是十分不完善的道理，它的书写符号——字母——的分节仅仅只能近似地记录语言的音素分节。然而这里问题并不严重，它不影响书面语的表达能力，仅仅是使得文字的辨认及运用，即最严格意义上的阅读和写作略显困难一些罢了。这一困难可以十分容易地通过一个人人可行的学习过程来加以克服，该过程即我们学校学童们所进行的最为初级的读、写练习。

鉴于拼音文字的双重优越性，西方作者——他们本身是最完善的拼音文字的使用者——认为表意法只能适用于语言记录的过渡阶段，最终将为拼音法所取代。根据这种观点，中国文字就如同某种畸胎现象，如同一种古老的文字在其发展过程中走上了歧途而未能向更高阶段转变。在狂热的西方化时代，这一看法也为远东的一些激进的文人所接受，他们认为汉字的运用是现代思想和科学精神传播的巨大障碍，鼓动远东文字的罗马化，即以拉丁字母来实现文字拼音化，主张这种文字革命的人在日本明治维新时代出现过，在中国1919年五四现代主义运动后出现过，在朝鲜伴随着李承晚取消汉字的企图也出现过。但是，这一革命仅在越南成功了，因为越南当时受到西方文化特别强烈的影响。越南语的罗马化文字，是由最初的传教士于18世纪制造出来自己用的，当时殖民政府不遗余力地鼓励采纳这种称为“国语”的文字，1865年，政府补贴越南第一份报纸使用这种文字。他们终于如愿以偿，1918年越南最后一次中国式的科举考试后，汉字随之完全被废弃。①

其他汉文化国家都未走上这一极端。即使最西化的、最发达的日本，尽管经历过明治时代的激进浪潮（激进主义在此方面未能成功），它仍然继续持之以恒地信守传统的表意文字，尽管日本文字已发展为迄今所见文字中的最为复杂的形式。日本不缺乏精通两三门西方语言的优秀语言学家，他们并不

① 《印支半岛简介》，巴黎，1983，第111～112页。

将汉字视作古老陈旧的原始野蛮的文字，而相反认为汉字乃为文字形式之最优者。这就是说，汉字必须具有其他表意文字所无法比拟的优点，才能使自己流传经久，光芒远布并如此出色地适应表达现代科学思想的要求。那么我们就来具体分析一下汉字的特点。

汉字系统与苏美尔和埃及文字的重大区别是，苏、埃文字仅仅是一种书写系统，而汉字则兼有书写系统和真正的独立的语言系统双重功能。在中国文字那里，我们看到的不仅仅是一种简单的口语记录体系，而且是不同于口语的另外一种语言，在这里口语不仅仅被记载下来，而且被重新组合过了。这一特点可一直上溯至汉字的起源。公元前 1500 年左右，汉字系统便作为一种独立的语言而非当时口语的记录系统而形成了。这一系统绝非已经失传的古老的汉语口语，而是像欧洲拉丁语一样作为一种书写语言流传至今。这一特殊语言，中文称之为

"文言"，法译为 Langue écrite（直译为写下来的语言——译者），为避免歧义起见，我们在此将其译作 Langue de graphies、Langue graphique 即"书面语言"（为方便我国读者，以下凡称书写语言者，皆译为"文言"——译者），我们既须将其与中国人所谓"口语"区别，也应将其与通常中文所称"书面语"即书写下来的口语相区别，书面语与严格意义上的口语的区别仅仅是更为严密、更为典雅的程度上的区别。详而论之，书面语这一习语出现于近代，在相当长的时间里，在中国没有记录口语的文字，当需要以书写表达思想的时候，人们总是借助文言。然而自古以来，中国人便成功地运用书写语言单位将片段口语穿插进古文里，并使之十分近似。正是从这里开始，在中国极为缓慢地出现了白话文学。唐代（618 ~ 907 年）的白话文学还处于萌芽状态。至宋代（960 ~ 1279 年）才真正发展起来。1919 年五四运动后，文言文被废置不用，汉字才开始只用来记录口语（即书面语）并能够十分完美地适应现代语言的需要。此点应该归功于汉字在文言范式中的长期而充分的发展。

现在我们再来看看文言的演变。

说中国文言文是一种不同于口语的独立的语言，并非否认此二者之间的紧密联系，实际上由于二者的使用者相同而使其联系更为加强，其句法也十分相似。那么区别在哪里呢？首先，当你读一篇文言文的文章并同它的白话文翻译对照时，你立即就会发现前者异乎寻常地简洁。长达数页的文言文章的句子组成多为四字，经常为两到三字，五六字以上的就极为稀少。这种简洁在其他语言中是不可想象的，主要是因为省略了关于时、性、数等多种限定词。此类限定词在口语中无法避免。那么这是否属于我们上面讲过的表意文字，无力记录语法符素和语言的色调（nuances），缺乏灵活性的特征呢？当然是。然而，在这里，同样的特征，不再是表达能力不足的特点，相反变成不可多得的简洁的优点。为什么？因为在这里此特征属功能性的，它适应了作为语义聚焦（focalisation 指文言以语义为其中心——译者）的书写语言的目的。对照同一文章的白话译文与文言原文，后者就像前者的语义的骨架。然而这并非语言表达功能的匮乏，并非缺乏传达语言色调的必要手段。相反，这正是中国古语的天才之处。它避开语言的色调问题，而将重心放在坚实的语义核上。自公元前 10 世纪中叶，文言达到其成熟期起，就已经具备一切指示语言色调的手段。然而对这些手段——众多的细密的语法工具——的运用却十分精细、节省，有点像中国古典绘画，尽管具备描绘彩虹的全色调的调色板，但却用黑色的墨来表现几乎全部色彩。

中国文言文词简洁、语义凝练，这一天才创造显然同文言起于并用于卜筮有关。首先，在一个很长的历史时期里，文言不是用来记述一篇话语，而是用来表述通过肩胛骨占卜术所制造出来的卦卜形状。肩胛骨占卜术是用准备好的牛肩胛骨和龟甲置于火上烘烤并通过其裂纹来预卜吉凶的巫术。最早的直接刻在甲骨上的文言记文都严格遵守着定型的模式，与其说是一种语言，毋宁说是一种算法（algorithme）。随着这些公式性的记文日益向越来越长的铭文发展，正如在后来青铜器上用来祭祖的金文一样，“算法”渐渐发展成为真正的语言。但是记文所表述的仍然是深邃的事件和人类行动，总是关于占卜和宗教的，从来不是散史轶闻。与其说这些记文是为了人与人之间的交流，毋宁说只是为了记载人类与精灵、与上苍的联系。这些记文经常铭刻于器皿内底部而无人能读。正是为了这种目的，占卜师们发明了这样一种主要用于书写的特殊的语言。这种语言不是简单地利用口语词汇（如果这样，它即为一种一般的文字），而是创造它自己的词汇（书写符号库），当然也从口语中吸取大量的词汇。这便是中国文言文自律性的主要秘密所在。

必须强调这决定性的一点：中国文言文自律的关键是其词汇及其形成的特殊规律。正是由于这一点，中国文言文又得以避免同拼音文字相比的一般表意文字在表现手段上的贫乏。在中国文言文中，书写符号——表意符（idéogrammes 即汉字——译者）的数目经长期的发展达到 5 万之多，在各不同的时代，实际使用的大约有 5 千至 1 万书写符号，这一数目从来未显得过于繁重，因为它适应了语言学上的要求，即从语言学上来说是功能性的。这一语言学的功能性是通过汉字之间的派生衍变逻辑表现出来的，这一逻辑不见于其他表意文字结构中，而正是此逻辑使得一个在古苏美尔文和古埃及文里十分难以解决的问题迎刃而解了。这一问题便是如何组成足够数目但又易于操作的书写符号问题。必须反复强调指出，中国汉字并非书写符号，其本身就是词，同其他书写语言中的表意符相比，每一个汉字都直接意指某件事物而绝不需要重新借用口语。汉字一直被作为词而成为词典编纂学（lexicographie 实为研究汉字形、声、义的文字学，亦称小学——译者）的研究对象。为了更好地理解汉字体系的真正语言学性质，我们至少要粗略了解一下这种词典编纂学的原则，以窥汉字体系的结构。

首先，必须区分开原生字即所谓“文”与派生字所谓“字”。正是这一区分构成了汉字自律的演化原则，从而使得汉字不被看作是由其他的字词衍化而来。所谓派生字的“字”其意即为“乳儿”。中国最早的词典名为《说文解字》其意即为“原生字训诂与派生字释义”。该词典成书于公元 2 世纪，收“文”489 个，“字”7701 个。值得指出的是同早期的占卜铭文相比，不仅仅派生字的数目大增而且原生字的数目也明显减少，这标志着汉字体系的语言学的合理化的重要性的增强。汉字的构字法极为明晰，它使得汉字在原生字和派生字两大分类基础上又每类一分为二（实际说来，传统文字学将派生字分为四类，但这一分类中的后两类不是依构字法而是依简单的词义转移而划分的，因而这里可以略而不计）。

正如上述，原生字数目较少，是与古代近东文字相似的纯图画文字（pictogrammes），其中一部分可以在青铜礼器上的半巫术半宗教的图案中找到，有些字甚至可以上溯至公元前5000年新石器时代的陶器饰纹。在这两类图画文字中，一类为象形，如日、月、山、人等；一种为指事，如上、下。对于这两类字，值得提出的问题是它们的发音。显而易见，作为这类字的直接起源的半巫术半宗教的图饰不代表口语中的词汇。如果说这类字并非口语词汇的表述，那么它们为什么，又如何发音呢？实际上每一个字都是可发音的。如果将汉字发音与口语词汇混为一谈，那就不能理解中国作为自律语言的文言。文言发音的原理绝不是简单的汉字与口语词汇之间的关系。当那些半巫术半宗教的图画文字有了语言上的用途的时候，为了便于脑力操作，就必须给每一个图画文字取一个名字。给字命名，即是说让每一个图画文字都有自己的读音，完全不改变文言文体系的性质。这同代数语言一样，脑力操作代数符号同样需要给每个符号命名："正号（+）""负号（–）""A""B""C"（这些符号取于拼音字母，但全然没有拼音性质），等等。这种比较是有道理的，而且考虑到上述关于文言初期无异于一种算法的说法，这一比较就更为中肯。当字意与口语词意一致的时候，这种情况当然是最大量的，即为口语词被借用来为字命名，为字注音，同 plus（有正、加、更、更多等意——译者）用来为"+"号注音完全一样。如果不是从速记需要的变通出发，"+"号则并不是一个简单的"plus"的发音记录，同样，如果不是从用汉字记录白话需要的变通出发的话，汉字也不是那些借用来为其注音的口语的简单记录。

甚至极为可能，一些图画文字演变成为文言文之词汇而同口语无联系。这类字的名称，往往来源于隐喻。下面举一个例子，但由于年深日久历经变迁其演变轨迹已难以寻觅，在此无法充分论证。一个意为“祸”的字即是一片肩胛骨经占卜焚烧留下的裂纹的图形。这是一个典型的肩胛占卜术技术的产物，见于最早期的铭文。此字的技术性太强，恐怕很难在口语中找到对应的字，口语中“祸”显然可用更为普通的词来表达。所以很有可能这个字是以纯书写方式创造出来的。此字汉语古音通虎，因而我们可以这样设想，占卜师为其神秘的算法术语，又增添了一个特殊符号并将其铭刻于其占卜程式上，于是他们以隐喻的方式以令人生畏的象征——虎来意指此字，于是虎即成为祸的注音。无论怎样，无论汉字读音的起源如何，重要的是搞清在中国文言中，文字与注音的关系与其他表意文字正好相反，文字符号在此并不代表口语中的对应词。在其他表意文字里，词语是独立的，文字仅仅是词语的记录；在中国文言中，文字即是词语，读音仅仅是文字的注音符号，最后回到文字。学习文言文的都十分清楚地知道，学习文字时必先学意义，再学发音。先学发音后学文字，那是学习口语及其书写法，并非学习文言。这是因为发音仅仅是文言中汉字的附属物，如果仅凭听觉（听高声朗读）来弄懂一篇文言文是异常困难的，弄清前后左右的汉字是绝对不可缺少的。有时，人们反驳说这可能仅仅是一种不同的口语演化进程所带来的相对缓慢的结果，或者说这仅仅是因为开始它没有成为口语的书面语而已。然而这种反驳是站不住脚的，文言文通过发音诉诸听觉的不可理解性源于两个互相联系的因素：一是单音节，使得语言的同音异义字大量增加易于引起发音的混乱；一是简洁，使前后相关词语省略过多以致无法排除由同音异义字所带来的含糊不清。然而历史悠久的文言文自始至终都是那么简洁，而且早期的神谕铭文比古典文章更为简练。即使我们承认古汉语中的单音节没有现代汉语的单音节程度高，或者说由于古汉语的声调系统较现代汉语更为繁杂因而音节相对变化较多一些，但是有一点是不容置疑的，即汉语的同音字数仍然超过了限度，在这个限度内简洁的上下文才不致引起发音混淆。所以必须承认，汉字的发音绝非口语词汇发音本身，在中国文言文中，文字本身即词语，这即是中国文字与仅仅为口语记录的古苏美尔、古埃及文字的最基本的区别。

汉字原生字能自律衍变而产生派生字的道理一如上述。同样，派生字也因不同的构字法分为两类。第一种会意，由几个原生字拼合而成，拼合的意义即为拼合字的意义。如“人”字与“言”字拼合而成的派生字即为“信”（诚实），“手”字与“目”字（手置于目上）相加即为“看”。第二种形声，即取一个原生字为“形”（实际乃其意义），此形决定新造字的词类，取另一个字为音，为新字注音。在这一组合方式中，规定字意的原生字被称为“形”，是从文字学上讲的，派生字的“形”，即人们所称的“字干”（部首），派生字的另一部分则为音符。这类字占中国文字的绝大部分，约 80%。比如以“木”为字干（部首），配以不同的音符，就可造出指树木种类、建筑构架、木制物体等等很多派生字来，以“手”为字干，就可以造出众多的指手做的活动的字来，以“心”为字干，则可派生出各种指感情的字来。

曾经有人认为，形声构字法包含一种趋向音符书写法（écriture phonétique）的原则，近似于古苏美尔、古埃及文字中运用过的借音（rébus）手法，旨在以同一个表意符作为发音符号来记录所有的同音异义字，并在这些字前加上一个可变的限定字指示该字的词类以区别于其他的词。这一相似之点仅仅是表面上的。在中国文字系统中，在由各种可能的字干所组成同音异义字的各个序列中，注音符号并非完全一样。汉字的不同音符总共近1000个，有时根据形声字的不同，一个同样的发音可以由20个甚至更多的音符来注。实际上并不存在一个值得一提的潜在的向音符书写法转变的原则。同样的原因，文言文是一种语言而非一种书写法。中国的文字使用者的问题不是如何完善词语记录体系，而是如何构字。他们完全不准备从数量上去缩减这一难以操作的包含众多的书写符号的庞大体系，而相反，他们以越来越简便的办法构造尽可能多的新字以适应文言文表述之需，当然他们绝非毫无逻辑地构造。以象形原则出发造字是十分有限的，他们转而以会意法造字，然而会意法也难以适应需求，他们于是再转而求助于形声法，运用此法，新字便很容易地源源不断地造出来了。必须指出，这一构字法不同于古苏美尔或古埃及的构字法，字干作为限定词出现于发音部分之外，形声法的“形”同音融成一体，即是说派生字被作为一个整体嵌入一定的词法类型里去。构字者通过重构图画文字，有时不惜改变其形状来分离字干，在可能的情况下甚至分出与发音相符的注音偏旁。同时，长期的演化进程使得汉字书写逐渐规范化，以至最后汉字的组成元素只剩下20来个规范的笔画：一、丨、乙、丿、丶等等。这一组规范笔画于文言文正如音位之于口语：口语中在第二层面音素单位上的分节主要是通过音素位置的不变来完成的，这里，同样的，只要遵循汉字笔画的排列位置，快速书写时虽改变汉字轮廓也不致发生混淆了。

汉字书写的图式化，在上古时代的文言文中就已经较近东的古表意文字严格许多，它甚至有头等重要的意义，它强烈凸现出通过构字法造出新字的词义之间的各种关系。汉字有象形特征，虽历经沧桑至今象形性仍然很强，然而汉字之所以令人神往，绝不是因其象形的特点，而是因为它是一种真正的词义图像（images sémantiques），在这点上任何其他语言都望尘莫及。汉语字与字之间的词义的关系清晰明白，这即是说，当代汉语的语义层面上的分节不仅仅被进行过分析，而且被重新设计过，以至于给语法留下了深深的烙印。如果说文言句法同口语十分相似的话。那么词法——语法意素及其运用——则是极为不同的。另一方面，正如上述，词义图像的力量即是中国文言为何能使用词义如此集中和凝练的原因。然而，不应该忘记这一语言是先由占卜师后由运用语言的专家所构思设计并改进的，长期纯粹用于礼仪。依据字与字之间的词义的关系的线索而进行的强有力的归纳使得文言文成为一种能够探求物质深层奥秘的具有世界意义的语言。正是从这一角度讲，将其称为表意文字虽并不确切，但仍然有相当道理；中国文言文不同于任何其他语言，同样，中国古典文学也独特无双。它关于自然的描绘是宇宙论的，历史学是用于教化的，抒情带有经学的味道。这即是为什么中国文学中，作为文学创作支柱的叙事体文学从未得到发展的原因。史诗与小说在中国的出现仅仅是当汉字蜕变成为简单口语记录符号，口语进入文学，是出现在白话文文学之后的事情。随着唐代变文（一种图画史诗）出现了史诗类作品，随着宋代话本（说书人的故事脚本）而出现了浪漫体的作品。然而这两种体裁开始都受到佛教的明显影响，即是说它们是外来的，非正统的。

中国表意文字的文典，无论是碑铭还是史学，无论是经学还是回忆录，无论是书信还是诗词，从其性质上来讲总是具有意识形态色彩的。了解这一点，对于当时还无文字的中国四邻采纳汉字后便受到深深的汉化的事实就不会感到惊讶了。从中国的世界观看来，由汉字所载乃为事物的深层意义，随汉字而完全渗进四邻民族精神中去的正是这种意义。

中国文言文随汉代殖民于公元 2 世纪初传入越南、朝鲜。又随朝鲜移民潮流于公元 3 世纪再传至日本。在这三个国家，文言文经三个世纪才扎下根来。汉字发音随本国方言的发音体系变化，于是产生了越南汉语、朝鲜汉语、日本汉语，这些语言除分别按越语、朝语、日语发音外，其他则同中国汉语完全一样。这三种发音不同的汉语，一直到 19 世纪末都是这些国家撰拟政治、行政公文的主要工具，也是最为高雅的文字表达工具，在长达 1000 多年的时间里，给遥遥领先的差不多在各方面都处于统治地位的汉文化的传播提供了一条理想的通道。然而，这三个国家对传入的汉文化的吸收则有很大差异。这种差异并非来自政治原因，日本一直独立于中国，越南直到 9 世纪、朝鲜直到 3 世纪都是中国的藩属。差异主要是由各民族文化活力的强弱不同而造成的。在越南，由于其民族文化较为粗糙，因而对中国文化的吸收的方式是经院式的，缺乏独创。朝鲜对汉文化的吸收则深广得多，传统汉文化在朝鲜曾有辉煌的发展。然而上述两国都不能同日本相提并论，日本在接受汉化过程中，不仅成效卓著而且充满独创精神。在各个方面，日本都将输入的汉文化天才地运用于本民族传统。

正是这样，日本借用汉字率先成功地建立了自己的文字体系。至晚于7世纪初，日本人就开始或者按汉字的意义，或者按汉字的发音来用汉字记录他们自己的口语。按照意义，即是用与日本词同义的汉字来记录日本词，但按日本语发音；按照发音，即是将日本词拆开成单音节，然后用发音相近的汉字为其注音，不考虑意义。在这两种情况下，汉字或者被作为语义符号，或者被作为语音符号，都被称为“假名”。同时还发展起来了另外一种类似的方法，即以日本方式来阅读中国文言文（汉文）。如上所述，高声诵读文言文是无法让人听懂的，因而仅仅以汉日混合发音来取代纯汉式发音是无济于事的。为了克服理解上的困难需要动更大的手术，甚至要将文言文半译成口语。以日本方式阅读汉文的目的正在于此。这一手术是十分复杂的，作为基点的口语是日语，其句法与中文句法非常不一样，所以开始必须先在心里将文言文的句子按日语习惯理顺，再按重理的顺序用日语发音来念文言文，并且还随时添加日语所要求的语法意素。为了简化这一复杂的工程，日本文人习惯于在文言文的字里行间加上注音符号以指示需要高声诵读的日语词缀；由于文言字行间隙太小，无法写下作注音的整个汉字，于是他们想出大肆肢解汉字的办法，这些被肢解的汉字被称为“片假名”。这些片假名，规范化之后，即成为日语音节拼音文字的元素。日本人将假名与汉字同时使用，创作日本语的文学作品。日语书写系统于是成为世界上独一无二的复杂体系。日语中规范的片假名有 51 个，还有同样数目的被称为“平假名”的行书体假名。然而，这两种纯语音单位只能起辅助作用，汉字在行文中起决定性作用。汉字不仅被广泛使用而且其多种含义还必须由读者依照上下文去体会、选择，一个汉字既可能具有一个纯日本词的意义（还要在多个同义词中选择），也可能具有一个汉日混合型的意义（此时还必须弄清它应该按照哪种情况发音，因为在佛教经典中和在其他文字样式中发音迥异）。这种体系所带来的困难似乎无休无止，但却给作家们提供了一个极妙的谐和音义的大显身手的天地。从本书需要出发，我们在此仅仅强调一点，即通过这一书写体系，汉字深深地渗入日语内部并得到了广泛的传播。据估计，今天日语词汇中仍收有 7000 ～ 8000 个汉字。[①]

现在看看越南。中国殖民者撤离后，越南也从越南汉语中抽出了一种越语口语的书写文字——“字喃”，即南方汉字（越南位于中国南边），法语称之为“越南俗体文字”。由于越南语同汉语一样是单音节的词根语，而文言文又产生于汉语，故而用中国文言文来记录越南语远较日语遇到的问题为易。越

① 日本文化厅编《汉字》，东京，1982，第 61 页。

南文人开始同日本一样满足于借用汉字，或者用其义而配以越音，或者用其音配以越义。然后他们又以其新造的字——越南俗体字来补充汉字的不足。这些新字是按汉字构字法造出来的，而且绝大部分是按形声法造出来的。[①] 这一体系完成于 10 ～ 13 世纪，所造新字数以千计。这里需要指出几点。第一，越南俗体字体系远不具备汉字词义结构的活力。只需将二者稍作对比，这一点就十分清楚，一边仅仅是一种表意法的书写系统，一边则是一种真正的语言。第二，越南汉字与中国汉字形式上的无懈可击的同质性使得中国汉字在严格意义上讲的越南书面语中的推广远比在口语中的推广容易。然而，由于文化发展程度的不同，汉字在越语中的推广又远不如在口语中的推广效果好。受汉文化影响的汉越文化传统与纯越南文化传统平行发展几无融汇。越南

① 和田正彦《越南字喃中的会意》，东京，1979。

文化成功地保持了其民间生气，但却严重缺乏知性力量。与日本以本居宣长[①]为代表的汉字研究水准相比，越南的差距甚远矣。这显然也是越南无力抵制法国影响的原因之一。

朝鲜语与日语相近，属乌拉尔一阿尔泰语系，以汉字记录这一语言所面临的问题就是上述日本人所解决的同样的问题。公元7世纪末，一位佛教徒之子、儒学专家新罗大学者薛聪发明了一种类似"假名"的方法，朝鲜语称之为"吏读"，意为政府官吏（按朝鲜语）阅读之（方法）。[②]朝鲜注音系统的出现则晚至1446年由李朝世宗（1419～1450年在位）颁布，此注音体系是十分独特的，它对朝鲜语进行了充分分析，十分精细地分离出各种元音、辅音。元音字母取法于天、地、人象形图式，在

① 译者注：本居宣长（1730～1801年），日本古典作品和神道教义学者，著作有《大事记传》《五胜间》等。

② Hwang P.G.《朝鲜杂志》，1983年夏。

一种充满宇宙论精神下分别将元音分为“明”（开口）元音，“暗”（闭口）元音和介于二者之间的元音。辅音则根据舌、唇、声门的对应位置的图解来划分。[①] 这是一种不同于日语的注音字母体系。但是，在记录词语时，字母以“音节字”（syllabigramme）的形式一个个音节组合起来，音节文字不是胶着于同一线上而是在一个方块内，以组成一个像汉字一样的组合书写单位。这种书写方式使按发音记录下来的朝鲜语，从形式上可任意与汉字穿插运用。没有任何事情能够比此更好地说明中国文言对朝鲜的影响，朝鲜是企图在汉语的基础上建立自己的书写系统。然而，尽管世宗的方案旨在更简便地向朝鲜下层民众传播儒教，但他推行拼音文字的计划却遭到了朝鲜官吏的抵制。当时朝鲜政务院副院长崔万里曾上书国王，称采纳拼音文字“有悖于传统汉文

---

① Kim C.P.《朝鲜杂志》，1983 年夏。

化原则”，“遗弃汉字乃退归蒙昧之举”。虽然拼音文字系统仍旧得到推行并大大刺激了朝鲜民族文化的发展，但除了非常普及的作品以外，朝鲜文中仍然大量使用汉字，而且比日本文使用方法简单得多，汉字为朝鲜语接纳使用一字一意，一字一音。上述事实说明在对待中国文化的问题上朝鲜文化较越南文化稍高一筹，但在接收汉文化时所表现的独创性上又略逊于日本。

今天，尽管文言文在各地已不复使用，但共同使用汉字作为记录各民族口语的工具这一事实仍然是汉文化诸国聚合的一个强有力因素。它从很大程度上消除了汉文化圈内部的语言障碍。尽管各国民族语言差异极大，但是从交流角度出发，一个中国人在日本、在朝鲜，或一个日本人、一个朝鲜人在中国都要比一个法国人在意大利更为方便。从汉文化圈的一种语言出发学习另一种圈内语言要比从非汉文化圈语言出发学习汉文化圈语言容易得多。

然而，放弃了汉字的越南处于中心之外，这显然不是偶然的。越南与日本截然相反的例子其实已经对所有远东各国轻视汉字的现代主义者所提出的问题作出了回答。这一问题即是：能否背负着一个浸透了落后传统的如此沉重的文字重担而进入西方文明的先进行列？

在越南，汉字的弃置确然使其知识阶层一下子从各种文化传统的束缚中解放出来了。然而，结果并不是整个国家都向先进国家前进了一大步，而是仅仅给越南知识精英开辟了一条吸收西方文化的道路，使他们一个一个从其阶层中脱颖出来。在法国殖民时代，没有任何殖民地像越南那样产生了如此多的出类拔萃的文化适应人才，然而这些人才却是完全脱离其民族土壤的。如果目前河内奉行的文化政策得以持续施行，是否会出现另外一个俄罗斯化的精英阶层？人们将拭目以待。

相反，日本的成功所说明的是，当近代化深深地植根于自己的民族文化特性的土壤之中时，汉字可以成为实现近代化的最好媒介。汉字在日本成为近代化的媒介得力于自明治以前所谓“兰学”之初的大量的令人惊异的对西方科学、文化翻译工作。原因有很多，当然主要是政治原因，但是缺乏一个类似的对西方学术译介的努力显然应该是中国近代化落后的原因之一。日本人认为，近代意识与科学思想之所以能在日本如此迅速地传播，就是因为有汉字作为传播的工具，得力于汉字词义的高度明晰。[①]在这里，我们从一个始料不及的角度，从近代思想的角度又一次发现了汉字语言的天才的逻辑性。这值得那些坚持某种伪学问的语言学的学者们思索反省，他们十分粗略地看待中国古代作家所喜闻乐用的文言结构，认为文言结构是建立于“虚构的”词源学之上的。这是只见树木，不见森林。准确地

① Snznki, T.《写作是否一种语言？》，北荷兰出版公司，1977。

说，正是对词义范围之间各关系所作的中国式的理性化的重建才是值得称道的。并非所有语言的词源学都为“虚构”，但每一种语言的词汇所赖以建构的基础都只能是社会的约定俗成！区别仅仅在于，一般语言的社会约定俗成没有得到控制，而书写语言的约定俗成则得到了充分的控制。从这个意义上讲，每一个汉字都是一个新词（néologisme）。这即是为什么汉字词义不仅明晰，而且是一种视觉上一目了然的明晰。至于汉字词义关系是根据一个前科学的或多或少带有卜筮色彩的思辨过程而建立的这一事实则并不重要，重要的是明晰的词义关系的建立。正是这一明晰使汉字成为极为有力的语汇工具。[①] 同样，当汉字被用来翻译西方式术语时，汉字的新词功能在第二级的意义上亦得到了充分的发挥。任何认识汉字的读者，即使他没有受过任何专门训练而

---

① Suznki, T.《基础概念的双重发音：为日语中之汉字辩护》，东京，1975。

毫无西方科学技术方面的素养，在第一次遇到大肠杆菌病、热力学、对数、无影灯、无抵押、光合作用等术语时，都可以发现这些术语与寄生虫学、物理、数学等的关系。他绝不至于将比利港（Le pirée）同一个人混为一谈。[①] 对什么语言我们可以如此说呢？而且从这类举不胜举的例子中，谁会看不到汉字对普及来自另外世界的知识的雄厚力量呢？而且，汉字因袭着传统思想的重负，在稳定精神，保持过去的连续性（这一过去不是被扫除了而是发生了嬗变）的同时，还大大促进了中国社会对西方文化的适应，这不能不说是一个奇迹。当然不经历孕育着新生的阵痛，这个嬗变就不会发生，也不会正如我们所看到的一样，继续发展。汉文化圈诸国是唯一非西方文化之国，能够承受分娩阵痛而不造成母亲的死亡。

---

① 上述术语的法文对应词分别为：colibacilose、thermodynamique、logarithme 等，分别由希腊文与拉丁文两种词根结合演变而来，作者借与同中文的直观、明晰对比。

第八章

儒教社会的演化

自上世纪中叶以来的汉文化诸国和地区的历史，就是一部汉文化诸国和地区为发展而西化，由西化而日益淡化自己的文化传统的历史。

中国 19 世纪下半叶的洋务派（les modemistes）主张在不废弃民族价值体系的前提下广采西方技术。其口号为保持中国原则之“体”（中学为体），适应西方“效益”之方向（西学为用）。然而要创设工厂和军工产业，要训练和装备欧式军队，要兴办开放式的教育，传授科学技术知识，要改革行政，严格管理方法，就要彻底打乱旧的习惯传统。打乱旧传统，就要触及所谓“体”，这就改变了最初人们认为只有坚持中学之体，现代化才有意义的观点，要实现上述西用目的，就必须改革帝制。于是，洋务派成为改良派。1898 年，改良派促使光绪皇帝颁布一系列涉及各个方面的激进的变法措施，宣布新政。然而新政仅持续了 100 天。恶名昭著的慈禧太后重掌政权，软禁光绪，断绝他与大臣的一切联系，尽废新法。改良派于是只有转向革命。1911 年帝制终于被推翻，共和国宣告成立。不久，1913 年旧制复辟。虽然 1916 年共和国又得以重新确立，但共和国倾覆之容易这一事实，则使革命者懂得了仅仅制度上的革命是不够的，必须将革命深入到文化层次上去。于是 1919 年五四运动铲除一切古典传统，甚至捣毁“孔庙”，宣布取消古老的书写语言（即上述意义重大的文言文）。然而经改组的革命党——国民党为反动势力牵制，其民族自强的努力受到阻遏，无法引领中国摆脱社会经济混乱的困境。民主革命也未迈出足够的步伐。最为激进的革命者选择了社会主义革命。1949年，共产党人取得胜利，并进行了10年的社会主义建设。是否需要继续前进呢？“文化大革命”的发起者们的回答是肯定的，他们成为世界政治史上史无前例的极端主义者。“文化大革命”今天虽然已经结束并受到谴责，但其后果仍是不容忽视的。

在日本，传统的淡化虽然没有经历一系列的连续的革命阶段，不具政治革命的特点，但却是深刻而有效的。它以明治维新与美军占领冲击下的改革两次危机为特征，对社会文化产生了强烈影响。如果认为中国的旧风俗荡然无存而日本还保留了不少宝贵的旧生活习俗的点缀，即表明日本很少受西方影响的话，那是错误的。日本人没有摧毁文物，但他们保留的仅仅是过去风俗、建筑的僵尸。

至于朝鲜与越南，殖民统治虽使它们丧失了独立，但不仅没有窒息，而且相反激发了它们西方化的意愿。自获得独立后，朝鲜和越南紧随中国用社会主义来改变传统，韩国则尾随日本以资本主义制度代替传统。

然而，在日本——汉文化圈中最发达的国家大功告成，赶上了西方成为其真正的对手而与之分庭抗礼之时，虽然日本还保留着深受西方游客喜爱的殷勤的民风，但是成功地跻身于世界发达国家之林的日本的出现，却以自己的特征打破了西方世界的色彩和谐。日本的特征令人忧虑：它们是否是日本的特殊活力的体现，更确切地说，是否是日本得以较其他国家发展更快的特殊活力的体现呢？如果是，这些特征将来又会发挥何种作用呢？在韩国、台湾能否找到同样的活力呢？自20世纪70年代末起，人们设想东亚国家的发展具有特殊根源，并从这一角度出发重新认识这些国家的性质，重新估价它们的生命力。需要指出的是，这种设想并非产生于汉文化区域本土，因为，在这里，人们习惯于鄙视所有非西方的东西。这一设想也不是东方学者首先提出来的，而是美国经济学家，首先提醒人们对这类异型的特征进行研究。他们指出在东方的经济活动中存在着某些直到那时还不为他们所认识的社会动力。人们曾经谈论过“日本奇迹”，现在人们又开始谈论“日本模式”。

于是，东亚也开始探求自己特有的文化的价值，探寻其中是否还有东西值得发扬光大，在亚洲人们的兴趣自然而然地集中于本地区最为发达的国家——日本。但也有例外。邓小平在北京说，应该从台湾和韩国的资本主义中吸取经验教训。曾经不遗余力地试图使新型的新加坡共和国摆脱汉文化的束缚，将英语定为经贸语言，甚至于1980年关闭了南洋中文大学的李光耀，也于1983年6月创办了“东亚哲学研究所”。下面一段文字对研究所的主要使命作了规定：

本所旨在推进新加坡对儒学之理解，

> 探研儒学之实践用途，重新发掘、诠释该古代哲学（人们往往对其不甚了了）之精义，而使其适应今日东亚社会之需要。本所研究领域亦可扩大至儒学以外的其他东亚哲学上去。[①]

再请看几个象征：孔家第 76 代直系孙，上海国际贸易学院教授孔令明和第 77 代直系孙孔德懋于 1983 年选进第六届中国人民政治协商会议；[②] 在“文化大革命”中遭到破坏的曲阜孔庙也已修复一新；在台湾，考试院（掌管一切录用考试的最高审查机关）院长之职也于 1984 年 8 月由孔子第 77 代孙，现孔子家族族长孔德成教授担任。十分明显，这里有政治姿态，北京以此向台湾呼吁。然而这种姿态仍然具有与 1919 年五四运动时代截然不同的象征意

① 《东亚哲学研究所会刊》，新加坡，1984。

② 《大公报》，香港，1983 年 6 月 11 日。

义。当代中国既然可利用这种象征，就说明它已不再是危险的了。今日之中国已不可与1919年同日而语了，与过去决裂业已完成，过去一去不复返了。从今以后，任何向旧社会复归的想法都是不可思议的，世界的变化太大了。

正是具备了这种条件，才能既重新发掘利用某些传统价值，又不助长保守主义。只有当传统彻底转化为完全失去生命力的腐殖土以后，才能利用它来为变革服务。请看下面两则例子：

首先是关于教育的重要性。传统上看，儒教社会的教育程度远较我们西方社会为高，所有汉文化国家和地区都毫不例外地保持了这种传统的价值观。众所周知，高教育水平是这些国家和地区发展的最具决定意义的因素之一。当然，说其教育水平高是相对于每个国家和地区发展状况所允许的办学设备、条件来说的。教育的高水平植根于对教育价值的重视。民众为了接受教育可以作出较西方大得多的牺牲，并刺激国家大力兴办教育。据估计，在日本，当孩子达到上学年龄时，日本家庭花去的整个学费大概相当于家庭总收入的40%。在中国，条件虽然极为不同，情形却十分相似，如在中国，虽然按中国收入水平，价格很高，但私人授课现象仍十分普遍，它有利于教员聊补其微薄的工资。这种重视教育的努力并非纯粹出于向上爬的野心，即使在几乎没有成功的可能性的情况下人们也照样努力接受教育。只有传统可以对此作解释。在过去，特别是在中国，通晓古代经典，一直到20世纪中叶都是绝大多数学生追求的目标，科学技术长期无人问津。今天，教育的性质已发生重大变化，相当大一部分青年人选择学习科学技术，科学成为时尚。请看1979年日本创价学会教育分会代表团在中国所作调查的情况。代表团调查了两所学校，北京的一所小学，哈尔滨的一所中学。学生最喜爱的科目是数学。下面是调查所显示的比例：

1. 北京的一所小学里，学生的爱好分布在 8 个科目上（思想品德、语文、自然、数学、图画、体育及其他）。三年级（9 ～ 10 岁）喜好数学的占 28%，五年级（11 ～ 12 岁）喜好数学的占 53%；

2. 在哈尔滨一所中学里，学生的兴趣分布于 11 个科目（政治、语文、物理、化学、数学、音乐、美术、体育、农基、工基及其他）。初中二年级（13 ～ 14 岁）喜好数学的占 41%，高中二年级即毕业班（16 ～ 17 岁）爱好数学的占 29%；这里毕业班爱好数学的人数减少是因为爱好物理的人数大增，以致与爱好数学的人数相等的原因。毕业班爱好物理的占 28%。

根据日本同一组织对同样学年，同样多的科目（除中学多一门英文）所作的一项比较测验，中国学生对数学的兴趣也远远超过了日本学生。按照调查结果，日本学生爱好数学的比例分别是：

——小学三年级占 28%，

——五年级占 26%，

——初中二年级占 6%，

——高中二年级占 14%。[①]

1980 年韩国高级技术中学（technical college）四分之一的学生喜爱数学。[②]

台湾 1982 年技术中学毕业总人数为 101524 人，即相当于普通高中毕业人数的近 2 倍（53411），同年，大专院校毕业生人数为 25128 人，其中大部分毕业于工程技术专业（24625），比管理科学的毕业人数（18284）还要多，而同时学习各种人文科学的毕业生仅有 14603 人，即不到整个毕业人数的 20%。[③]

一个深刻的心态变化正促使古老的传统向新社会的需要的方向转换，这即是所谓适应。下面让我们再看一个例子，关于储蓄的传统价值。

---

① 《新中国年鉴》，东京，1968—1984，1980，第 191 ～ 194 页。

② J. Woronoff《韩国经济：人间奇迹》，首尔：时事研究社，1983，第 228 页。

③ 《中华民国教育统计》，台北，1983，第 22 页。

汉文化国家和地区家庭储蓄率在全世界首屈一指。日本1965～1969年储蓄率达国民生产总值的15.3%，1970～1974年为16.9%，1975～1978年为19.8%。[①] 同时期的美国家庭储蓄率摇摆于国民总值的7.8%到8.6%之间。韩国在朴总统统治下经济恢复前的动乱年月里，储蓄率曾降至极点，随后则直线上升，1962年为国民总值的3%，70年代初为16%，80年代初为22%。[②] 台湾地区储蓄率同韩国基本一样。[③] 1983年大陆储蓄率占国民收人（按中文意为社会净产值）的19%。[④] 一些更为专门的研究表明，同西方国家不同，汉文化国家和地区储蓄率并不那么依收入的变动而变动。从东亚社会强烈的储蓄倾向（propension）中，我们不难发现流传经

① 《天下》，台北，1983年7月，第95页。

② J. Woronoff《韩国经济：人间奇迹》，首尔：时事研究社，1983，第192页。

③ 《天下》，台北，1983年7月，第95页。

④ 《新华日报》，北京，1984年4月，第88、93页。

久的节俭、素朴和深谋远虑的传统，儒家一直将此看作经济上最基本的美德。在传统社会中，家庭节俭开支几乎完全是围绕着积蓄金钱进行的。积蓄金钱转化为公共储蓄存款的意义十分重大，而节约所占收入的比例还在同时增加。还要指出的是，在所有这些国家和地区，存款利息都极为低下，而且在一些生活水平仍然很低的地方，现实需要的压力还是很大的。在其他不发达地区，同样存在着积蓄金钱的深厚传统，然而任何地区都没能像汉文化诸国和地区一样如此巧妙地将这种传统转化为存款，使家庭参加到整个社会的发展中来。

跳出这些断片的例子，只要你经常往来于这些国家和地区，你就会发现这一地区的企业、国家和社会在发展上，有着某种共性，使这一地区具有一种与西方国家十分不同的总体特点，而且具有悖论意味的是，随着该地区西方化的日益加深，这种不同还愈显突出。当西化程度很低的时候，与西方的不同仅仅是经济的不发达和社会的落后。如今差异是从发达社会的运行机制中暴露出来的。那么差异是如何产生的呢？许多人对马克斯·韦伯关于资本主义发展动力源于新教伦理原则的著名分析提出诘难，从传统的影响上找原因。[①] 由于人们将注意力主要集中于日本，由于佛教在日本仍然十分兴盛，由于禅学在西方正是时髦，于是在西方关于日本经济模式的“禅之侧面”的研究有如繁花盛开，大量涌现。这一研究方向还受到来自日本本土的鼓励，一些日本大老板为了鼓舞其部下的士气，自愿挥舞禅学大旗。毋庸置疑，佛教曾经给予并且还在给予东亚社会巨大的道德伦理影响，然而佛教却从未影响到社会结构。即使说佛教其他派别还有一些影响的话，那么禅的影响更是微乎其微。汉文化诸国和地区结构是由儒教不是由佛教规定的。因而儒教应该

① 金耀基《儒家理论与经济发展：韦伯学说的重探》，香港，1983。

是我们研究的对象。儒教的结构如何呢？用三个词便可回答：家庭、礼仪、文官制（mandarinat）。

诚然，儒教的东西都已衰亡。衰亡得甚至较佛教世界观、佛教仪式更为彻底，特别是在日本，佛教思想礼仪犹如游荡在世纪上空的幽灵，较之儒教远为轻松地跨过了现代化的门槛，而儒教礼仪则随着旧制度而彻底消亡了，无论是韩国的三四处“文庙”（孔庙的旧称），还是东京“汤岛圣堂”（东京的孔庙）的几点人为的过时的香火，都不能使它起死回生了。文官制也已完成其历史使命。至于说儒教模式的家庭，在亚洲新型工业国，除了新年的拜年与祭祖的遗风外，还残留下来些什么呢？儒教不可能不随着古老的社会消亡而消亡，因为它不像道教、佛教、神道教[1]和朝鲜的萨满教[2]，它是传统社会的原则本身。明乎此，就可以清楚地理解它的消亡为什么是无可挽回的，尽管在台湾腹地，香港新界和某些华裔居民聚居地，还存在着令人类学家心醉神迷的未被现代社会所触动的最后几处保留着传统社会生活的死角。

然而正是因为儒教已经彻底衰亡，它的遗产才能重新输入到新时代的精神中去而不同国家发展相冲突。传统文化遗产得以存留并随时可供启用，就是实现这一关的充足条件。汉字系统正充当了保存儒家精神的绝妙的太平间，汉字的词义网络

① 译者注：神道教——日本固有的崇拜以“天照大神”为中心的多神教。4世纪后形成较完备的宗教体系。大略分神社神道、教派神道和民俗神道三大派，自称日本民族为“天孙民族”，天皇是“天照大神”的后裔并且是其在人间的代表，神位即皇位。

② 译者注：萨满教——以据说能治病并通鬼神的萨满（通古斯语的音译，即巫的意思）为中心的原始宗教。认为世界分为三层：天堂为上界，诸神所居；地面为中界，人类所居；地狱为下界，鬼魔所居。主要流行于古代亚洲北部。

正是儒家思想网络本身。当然，当今官方的提法是与儒家意识的成规套语完全相反的，除去台湾与韩国的几个不合时宜的口号外，儒家思想将不会再时来运转、东山再起了。认为儒教会死而复生是十分天真的。但是，由于汉字是从东京到北京，从平壤到台北各种语言的书写符号，作为思想的载体，汉字必然受影响于它所曾传递的思想；同样，东亚新型工业国或正在工业化的国家的社会活动中，所表现出来的各种新型行为也都有一些变化，这些变化只有以儒教遗产为参照才能得到合理的解释。参照以家族关系为纽带的古老的社会模式，我们对仍然活跃于当世的一种可以称之为“群体主义”（le communautarisme）的社会现象作出解释；以儒家礼仪观为参照，我们可以对汉文化社会为什么会成为一种突出的“礼治主义”（le ritualisme）的社会作出解释；以旧有的国家科举文官制为参照，我们可以求得对很大程度上建立于某种“功能主义”（le fonctionualisme）之上的与“政治”国家观正相反的国家观的解释。这些参照系统之所以必不可少，是因为群体主义、礼治主义和功能主义从未在西方传统中出现过。我们下面将试着十分粗略地勾勒出它们的轮廓，并展望它们对于汉文化圈的今天与明天的意义。

首先来看看群体主义原则。儒家思想有深刻的反个人主义色彩。在中国，这方面的著者众多，例子举不胜举。请看荀子（公元前4世纪末至前3世纪初）的一段颇为含蓄的论述。在说到自然界不同事物序列（元素序列、草木序列、禽兽序列和人的序列）的等级差别时，荀子阐述了人何以能成为四时万物之首的道理，其文曰：

水火有气而无生，草木有生而无知，禽兽有知而无义；人有气、有生、有知并且有义，故最为天下贵也。[1]

所以人的神圣不是人的个性，而是人的“有义”的社会性。是社会给个人以存在的意义而不是相反。在这里，社会关系的两极分布正好与我们所知的西方传统，尤其是基督教传统相反，后者通过灵魂的神学来宣扬人的个性。由于同西方的个人人道主义相反，儒家思想对我们说来似乎是有消极意义。其实儒家思想不仅不消极，而且是积极的，但它是另一种人道主义，它将人提到自然万物之首的位置。儒家认为，人不同于只具备简单性别属性的动物，在人与人之间的关系中表现出一种高级的社会属性。这一思想在我们西方找不到对应的词来表达，权且称之为“群体主义”[2]。社会主义的概念与此迥然相异，它表明个人的存在是以社会的存在作为存在

① 《荀子·九·王制》。

② 感谢 A. 马莱克给我的提示。

方式的，因而，为了不使个人异化就必须由改造社会开始。对于社会主义者来说，改造社会是首要任务，个人利益应该服从政治秩序，换句话说，从历史秩序，而不是从自然秩序上讲，社会仅仅是一个综合各种千差万别的个体的外壳（confuguration）。儒家的群体主义首先是从自然万物之秩序来谈社会的，社会模式是由自然规定的，而从历史秩序上来讲的社会仅仅是以不同的形式或多或少依照自然规律而建立起来的模式。个体的存在不仅仅以社会的存在为条件，而且只能在由自然规定的社会属性中才能实现自我。孔子的名言“君君、臣臣、父父、子子”[①] 即为儒生共同信奉的社会哲学的金科玉律。这一信条强调家庭关系，原因是家庭关系使社会关系是由“自然”规律规定的这一点得到充分的体现。正如荀子所指出，人类家族关系是从生命繁衍开始

① 《论语·十二·颜渊》。

自然而然地建立起来的。这即是为什么按照儒家理论，直接由自然规定的家族模式推而广之而成为社会模式的道理。人们划分出五种最基本的关系，由这些关系演绎出所有其他关系：父子关系、君臣关系、夫妻关系、长幼关系、朋友关系。在这些关系中，除去第二种是从父子衍生而来但由于极其重要而被列入五种基本关系之一外（在中国上古君臣与父子其实互不相分，其时君臣关系实乃父子关系性质），都是家族内部的主要关系。一种关系，规定某种特殊义务，完美地实践这种义务就是实践这一德行。最重要的义务即子对父的义务，从这里引申出最基本的德行，儒家一切其他德行皆从此来，这即是“孝”。

社会的一切行为规范都从家族关系规范中演绎改造而来，社会关系变化万端，复杂异常，然而每种社会关系总是可以从某种与其最为接近的家族关系中找到一种既恰当又有区别的定性。一种特定关系引申出精确具体的义务，义务又演化成冗长的繁文缛节，特别是关于一方去世而另一方必须服丧穿孝的礼节更是精致考究。丧礼仅仅是儒家伦理的一种参照系，这一伦理规定各种生活环境中的各种社会关系。在一个充盈着或远或近的亲属关系、邻居关系，受业于同一学校、同一师长的同窗关系、职业关系，同一邻里、省区或国家的乡亲关系的关系网中，不同的年龄、性别、社会责任、权力等很快会给两个毫无关系的人找到社会位置。传统的儒家文化也立即给这二人规定互相接近的准则。这一过程虽然要一连串的拐弯抹角的类比来完成，但立足点总是落在那几种基本关系的义务上。叙亲称呼（tecnonymie 即在称呼亲属朋友时依他们自己的子女、家长对其称呼而称呼的习惯）在汉文化诸国和地区流行颇广，使得称呼朋友不是“我亲爱的某男”“亲爱的某女”，而是以十分精确的名称呼之为“某叔”“某大婶”“某内弟”“某侄女”等，这一习惯至今仍是家庭关系规定社会关系结构的传统的明显表现。在社会整体之中的每个成员之间都按照特定的关系存在着，各种关系的微小差异都通过细腻的感情体现出来，从这些特定的互有差异的关系中引申出来的各种义务也得到准确无误的实行。这种细腻的感情于是成为相对于“孝”的另一个儒家的基本德行——“仁”，此字无法翻译，法文常作“Vertue d’humalité”（人类的美德）。事实上，“仁”构成了儒家人道主义的精髓。

通过以上论述，我们或许对这种人道主义，特别是对其社会的人先于个体的人的原则有了一个较为清楚的认识。这一原则就是社会先于个人而存在。在个体还没有同任何一个社会成员发生关系之前，他与其将要接触的某人的义务或某人于他的义务都已先验地作了规定。在个人主义的社会中，这个先验的某人仅仅是一个陌生人，个体同其相遇无异于同任何一个同类的生物相遇，在荀子看来，这恐怕正是那种无义的禽兽的所为了。个体与这个某人发生关系仅仅是因工作、贸易之需或为“机遇”、争吵等所驱使，这时个体才一步一步地同他人建立关系。在我们社会里，人们相互接近已非易事，所以要建立关系也并不是轻而易举的事。在这个社会里，法是典型的个人主义的创造，它促进了各种关系的建立，提供了大量的可供选择的预定范式关系，必须指出，法律上的预定的关系范式同自然天定（prédétermination naturelle）的——即道德的社会关系范式毫无共同之处。后者是具体到个人的，活生生的，前者是抽象的、人为的。另一方面，自然天定的社会关系是沉重的、强制性的，而法律预定的社会关系则因其抽象而是轻松的、无强制性的，至少从其原则上讲如此。每人选择他所希望的范式。如此建构起来的，法律意义上的个人主义的自由观，从本质上讲与群体主义毫无共同之处。一方面，群体主义的社会表现为一个热情亲近的，人人互不陌生的社会，但社会压力可以发展到令人窒息的地步。另一方面，个人主义社会表现为一个冷酷的，精于算计的社会，它给予个人更多的自由，但一旦个人主义心态发展到极点，社会便会使个人与世隔绝，给个人以布朗运动分子的自由。[①]

其实，绝对的东西是不存在的，即使是在过去最典型的儒教社会里，群体主义也得给某种个人主义留下一席之地，这种个人主义是通过那些初级的法律形式体现出来的。古代中国并不是不知运用契约，但中国古代契约都带有十分原始的特点，对于契约债务的处罚基本没有超出刑事的形式，即是说处罚形式是与维持公共秩序，或者说维持儒家认为的天定的万古不变的那个社会的秩序的观念相联系的。与此相对应，在个人主义社会的大海中，也

① 译者注：布朗运动——由 19 世纪英国植物学家 R. 布朗（Brown）发现的悬浮在液体或气体中的微粒所作的永不停止的无规律运动。作者借此说明西方社会个人的分散的活动。

总是存在着一些群体主义的堡垒，在堡垒内部人际关系被看作是自然的，主要建立于道德上的而不是法律上的。这类堡垒中最顽强的无疑应该还是家族——这一儒教社会结构赖以维系的出发点。在当今个人主义大大膨胀的社会中，不仅仅这种群体主义的堡垒势单力薄，而且对于这种以家族为范围的堡垒来说，轻微的社会压力便是足以诱发其解体的因子。

必须指出，群体主义决非政治性的，它是一种社会范畴，可以在任何政治制度中生存。然而反过来说，只要它存在，它就必然作用于建立其上的政治制度。在日本采纳中国制度的时代（史称律会时代，603 ～ 967 年），儒家思想曾在日本深入传播。儒家思想不仅在那时活跃于日本，而且当中国制度被废弃之后，特别是自镰仓时代（1180 ～ 1333 年）以来的封建化过程开始之后，儒教仍然在日本兴盛不衰。这即意味着一种中国从未经历过的日本式的封建关系接受了儒家思想并随之发展起来一种“武士伦理”——“武士道”。同儒家强烈的反黩武主义色彩相比较，这一点颇具悖论意味。因而，当德川幕府（1615 ～ 1868 年，掌握大名政权）企图强化权力，遏制封建割据时，只需根据正统儒家思想来强化武士道精神，即可以坐收消除日本潜在的封建割据趋势之效了。

最后，儒教群体主义的一个明显的特点是其不带任何宗教信仰色彩。自孔子时代（前 551 ～前 479 年）起，中国古代宗教就已失去其超度作用而转变成为一种纯宇宙论。儒家将社会组织原则道德规范都看作是同宇宙结构、阴阳转化、天地对应、四季变换一样的自然规律，儒家伦理摈弃所有形而上学的目的论，将形而上学的问题留给佛教。儒家的唯一的终极目的就是实现社会的和谐——宇宙和谐在人世间的影子。

在今天的汉文化圈诸国和地区，以儒教为代表的旧的社会秩序业已消亡，代之而起的是来自西方的两种截然相反的工业社会组织形式：自由资本主义与马克思主义的社会主义。然而无论在哪种形式的政治制度下，群体主义的心态尽管受到个人主义思想的严重侵蚀，但仍然极富活力。它不仅使得某些传统社会生活特性得以保存，如节日、庆典、各种习俗等，而且给工业社会结构注入了一种性质迥异的精神。我们感兴趣的正是这一点，因为这种新的社会活力不仅生机勃勃而且颇有效益，我们有理由将其看作是东亚国家经济起飞的一个首要因素。

群体主义精神持续存在于汉文化诸国和地区的第一个标志是弥漫于这些国家和地区的那种社会氛围，这种社会远较西方社会严密，它实际上是一张由各种关系编织起来的凝聚力很强的严密的网，这张网不是按照自愿的原则编织起来的，而是由左邻右舍，职业活动，孩子在同一学堂上学习以及自然少不了的家庭等因素强加给人们的。诚然，现代家庭的重要性无论在何地都不能与过去同日而语，而且社会越发达，家庭之外的社会活动就越多，家庭自然失去了它作为社会关系中心的原有功能。但是，这些关系并没有解体，而是按照集体生活的各个不同侧面重新组织了起来，为了不遭个人主义侵蚀，群体主义改换凝聚方式以图适应。任何一个深入到群体主义集团内部的西方人都会感受到压力，这种压力甚至可以通过语言障碍显示出来。在汉文化圈中最发达的国家——日本，这种社会压力表现得尤为强烈。

在发达社会，最重要的活动是经济活动，是企业的活动。而在东亚社会，正是企业形成了群体主义的中心。在这方面，日本大型企业引起众多的讨论。企业不仅仅是工作的场所，而且整个集体生活都围绕着工作展开；大家在企业餐厅共同用餐，企业为职工至少是单身职工提供住房、组织消遣，共同出游，庆祝企业节日，企业参加职工家庭重大事件（结婚、诞生、丧事等），职工穿戴企业制服，等等。西方观察家们很快对此作出了解释，认为这是为了创造本厂精神（l'esprit maison）而特别实行的一种政策的结果。然而，事实则恰恰相反，本厂精神是职工带给企业的，是古老的群体主义的凝聚力的作用，政策是为适应这一情况而实施的。即使在一些的中小型企业中也存在着同一种本厂精神，尽管它们无力创造一个宏大的工余环境，因而显得较为简朴。与之相比，西方业主联合会的社会政策则极为不同，职工的福利分配一般强调个人受益，而日本企业政策则重视补贴的群体特点。

虽然都十分看重物质利益，但物质的东西也许并不是最重要的。日本企业的高层次的终身雇员和低层临时职工之间的差距颇大，工作也绝不比其他国家轻松，如果考虑到节假日很少，或一个星期，最多两个星期的年度休假，日本工作则远较其他地方辛苦。这种情况使得 1979 年欧洲共同体的一份著名报告中称日本人为“有工作癖的人”(workoholies)。实际上，无论是在日本，还是在其他汉文化国家和地区，工作本身并非如此重要，重要的是工作的社会意义。在这一地区，人们肯定工作的社会价值，而不是像西方那样消极地看待工作。那么这是否意味着无产阶级的异化更为彻底呢？不是，因为在这里，社会斗争照样在而且也不比其他地区和缓，25年来日本的工资增长幅度超过西方。但是这里斗争的特点、手段却很不一样，罢工也较西方少得多。

应该指出，日本企业与众不同的氛围不过是不久以前发展起来的事情。战前关于这方面的描述向我们显示，日本企业环境同欧美企业几乎没有两样。这就说明，日本快速的工业化的早期有一个照搬西方企业体制的阶段，随之而来的是一个由民族心态决定的企业生活日本化的过程。由于文化上的亲缘关系，不仅导致日本经济成功的管理方法成为汉文化各国学习的样板，而且日本企业模式也对汉文化各国具有强大吸引力。中国人尽管十分倾心于美国强大的经济实力，但在企业管理的改革方面仍然要求日本的技术援助。中国政府为此招募了大量的日本退休企业干部，让他们重新工作。[①]

另外，在中国的单位生活与日本的企业生活之间存在着深刻的相似之处。中国的所谓“单位”，是一种生产单位，推而广之是一种由在同一机构中工作的人所组成的有机集合，构成社会的基础单元。单位可以是学校、行政机关、工厂、乡村或者一个商业中心，一个旅行社，交通港站。与人民公社不同，人民公社是为了提前进入共产主义，按照政治意愿创立的，而今已解体；而单位，无论它如何政治化，也同日本企业发挥的家族式的凝聚中心作用一样，同源于群体主义。在中国，家庭经常被完全卷入单位，而日本企业则是在家庭之外通过企业的

① 根据1983年9月胡旭邦的提议，参见《每日新闻》，东京，1983年11月24日。

各种关系来吸引工人。单位利用内部场地为其职工建造家庭住房，单位食堂可向职工全家开放，单位提供各种条件设施：有合作商店，必备的幼儿园，经常还有一所小学，有时有一所中学甚至一所技工学校；还有一些消遣娱乐设备，医疗设备等等。单位干预职工的婚姻，计划生育和职工之间的关系以及本单位成员与外部职工的关系。西方观察家经常认为这种无孔不入的单位干预主义是某种政治工具，令人无法忍受。诚然，也存在一些多多少少有些独断的单位。如 1984 年 2 月在西安发生的一件丑闻：一家医疗单位被由“文革”起家的一小撮人所把持，在他们的统治下，医院当时仍然笼罩在同“四人帮”当政时一样的恐怖气氛中。[①] 同样也不难发现一些职工对单位十分不满，千方百计调出单位。但是，单位仍然不失为群体主义的一种典型结构，即使政治

① 《争鸣》，香港，1984 年 4 月，第 25 ～ 26 页。

制度使它变了形。甚至单位这一名称也是一种完全模糊的中性概念，意指一种自成体系的社会现实而无政治性质。这一社会现实反映了中国社会对工业变革、社会主义革命和生活水平低下三重条件的适应性，单位将依社会条件而变化，但也会对社会条件产生反作用。

群体主义的心态并不仅仅影响企业内部生活，而且还同样影响到企业与企业之间的关系。后者在计划经济的社会主义国家有些例外，但中国在这方面正在发生重大变化。

从这个角度出发，日本的承包联营（soustraitance）现象就可以得到满意得多的解释。我们知道，日本十分严重的经济创痛正是从承包联营制的实行中开始得到缓解的。那么这一做法是如何在几无阻力的情况下实行的呢？实际上，日本的中小企业与联营的大型企业的关系远比西方此类企业之间的关系专一和紧密。大型企业从技术上、资金上援助其下的联营小企业，相互之间实行人才交流。作为交换，大企业则要求联营小企业优先为它服务，严格按时交货并在行情危急时扔掉小厂不管。从西方角度看，这种不平等关系是无法接受的。在旧有的儒教传统氛围中，这种不平等关系受到社会压力的强烈制约，使占有优势的一方尽可能地支持弱小的一方，直到因市场条件再向前跨出一步就有可能两败俱伤的地步。正如过去四邻不能接受为富亲戚干活的穷人被无缘无故地逐出大门一样，今天一个大企业如果没有极为严重的原因就抛开其联营小企业的话，那它将会信誉扫地。这种情况同企业内部的老板与雇员之间的关系相似，关系的特点同西方完全异趣，社会压力较好地平衡了双方的利益对立，以致在这里既无必要，也无可能将保护合法利益的行动推向暴力的极端。群体主义社会远比个人主义社会平衡稳定。

从更普遍的意义上讲，东亚国家的贸易关系是同欧美极为不同的，因为这类关系走向现代化赖以实现的历史基础截然不同。

传统及文化社会中的这类关系是一种十分系统地建立于亲属、乡情等多种关系之上的关系，但并非汉文化圈所独有。在资本主义初期，在欧洲也可见同样的情况：贸易关系网是依靠家庭、伦理和教派关系发展起来的。但是在个人主义的欧洲，这种关系是经不起冲击的，因而渐渐败下阵来，让位于强大异常的法律关系。资本主义冲出了人际关系的界限，获得了发展的能力，其象征便是股份公司。这种制度对于儒教社会来说曾经是不可设想的。相反，正是这一点使得远东贸易关系不同于西方模式，各种亲邻关系使贸易关系的范围和凝聚力远比西方为大。这一点可以中国华侨企业家在东南亚前工业化环境中的无可比拟的成功作为证据，在那里，儒家伦理的优越性加强了华侨“商会”（congregation）的凝聚力，并使华侨控制了整个经济网络。由于缺乏健全的巩固的法律制度，华人企业家成为当地的强人，即使是西方企业也不能不承认这一事实而将华人作为其中介。儒教伦理是十分有效的，即使在那些存在着健全的法律制度的地方（如殖民地）。华人企业家避免求助于法律制度，他们害怕割断与那个被证明为最有效的体系的联系。[1]

然而，西方法律制度毕竟还是建立起来了，明治时代的日本开风气之先，汉文化各国和地区相继跟上，在不太长的时间里，各国经济界都十分成功地掌握了新的贸易手段。在这个问题上，日本是这样，新加坡、韩国和中国的香港、台湾也是这样。曾经运行良好的旧体系因其不足终于退出了历史舞台，但这并不等于说另起炉灶全盘改造社会就一定优越。一些古老的做法没有被放弃而是被吸收到新的制度中去，原因即在于此。这里所说的做法主要

① Lim, Y.C.L. Goslin, L.A.P.《华人在东南亚》，新加坡，1983，特别是第 46 ～ 63 页。

是指一些为求得意见一致的协商形式，如所谓“禀议”（企业为通过一项决定，先将决定的草本交由企业要人传阅并写出书面意见表决的一种方式），“联络会”（不同企业之间的协商联络）等等。[①] 持批判眼光的观察家们曾指出，真正的决定并不是按照这类方式作出的，然而实际上，决定怎样作出并不重要，重要的是这类做法使得企业中的新型关系具有某种旧关系的形式，使得传统的群体主义原则得以继续保持并与法制主义（juridisme）并行不悖。这即是日本企业之间、集团之间关系的特点。这类关系如今已不再具有家族的特征，而是财政性质的，但是银行在对企业干预的时候采取的是同西方完全不同的做法。且看一个十分典型的事例。在日本，企业的负债率可以达到在欧美难以想象的高度，在其经济高速增长期间，日本企业借债率达 82%，而西

① Vogel, E.F.《近代日本组织与决定》，东京，1979，特别是第 115 ～ 145 页。

德、美国则分别为68%和47%。[①] 在西方这种情况会被视为一个十分不稳定的因素，而在日本则不仅没有影响到经济的稳定，而且减轻了操纵经济增长的金融杠杆的负担。

那么，又怎么解释日本存在的激烈的竞争机制呢？群体主义的凝聚力在这方面又起了怎样的作用呢？为了分析这一点，必须看到，在传统的汉文化环境中，竞争从来都是异常激烈的。群体主义的作用仅仅是力求竞争公平进行。在这一点上，它的效果似乎强于源自个人主义的自由主义。由于缺乏详细的调查材料，这里只能指出，日本经济界之所以具备强大的竞争动力和竞争心态，是因为日本的竞争机制比西方要健全一些。特别是，在我们后面将要谈到的国家功能主义（fonctionnalisme de l’etat）概念方面，儒教社会不寻求国家干预，而国家干预则

① Angnis, E.《日本企业增长的金融动力》，东京，1983，第262页。

是导致西方竞争恶化的主要原因。

正如上文所示，儒家伦理的基础不是宗教而是礼仪。从中国传统中发展起来的礼治（ritualisme）精妙绝伦，世无其匹。那么中国意义上的礼仪究竟是指什么呢？同世界其他地方一样，礼仪是最早的宗教仪式的组成部分。然而在古代中国，宗教仪式被精心地、有意识地、智慧地从其宗教基础分离出来，经过改头换面而系统地用于日常行为。儒教的这种发展正是遵循着其内在的发展逻辑：由于社会是先验地存在着的，其结构是由同一的宇宙规律规定的，所以，个体的行为、活动在个体的目的被明确之前就应该是符合自然法则的。要做到这一点就只能从纯形式上加以设定。礼仪便是为保证个体行为顺应自然法则而设的形式系统。礼仪的目的不是达到某种目的或目标，而是寻求个体行为之间以及个体行为与自然界万事万物的生息机制的合一，即形式的和谐。这是一种可以称之为“形式性逻辑”

（morpho—logique，请与 logique formelle 形式逻辑相区别——译者）的理性，而不是我们熟悉的“目的性逻辑”（téléo—logique）的理性。下面举两个例子来说明这一点。

为减轻交通事故后果的汽车保险，是以对事故及其损失和应支付的赔偿金等的分析为基础而设立的赔偿制度。人们按照事故的原因、后果考虑应采取的措施，直接从一个具体目标出发，这便是一种目的性逻辑的理性构造。为防止交通事故的发生，订立靠右先行的规则，那么结果将是间接地获得的，是通过一种规定汽车运行的路线使行车和谐化的纯形式的手段获得的，这便是形式性逻辑的理性构造。以此类推，为了节约能源直接采取优选电路传输最佳路线的方法，属目的性逻辑；施行冬夏时间转换制度，间接地节约能源，属形式性逻辑。

中国的礼治主义实际就是这种形式性逻辑理性运用于规定社会活动而获得极大发展的产物。囿于自己的文化传统，我们常不无蔑视地将礼仪规定的行为看作某种僵化的没有目的性的行为，然而中国的礼治却远远不是一种消极的制度，它的体系复杂精深。在中国的礼治主义那里，行为成为礼仪性的，并不是因为它失去了目的性，而是因为它超越了即时的平俗的目的性，从形式上服从于更高层次的和谐，避免平俗的目的性与自然秩序，特别是社会平衡相冲突。

原始社会时，礼仪是宗教庆典的形式，它由占卜所规定，代表为取得彼岸世界力量的支持而特设的专门的行为模式。后来，由于对自然的神秘力量的纯宇宙论的解释占了上风，宗教的意义渐渐失去，但是仪式却保留下来，成为与自然力和谐统一的行为模式。随着宇宙思辨的发展，礼仪日益完善、精致，与天地、阴阳、五行等世界赖以组成的各大元素的运行机制相一致。基于此，儒家赋予礼以多种含义。从上述观点看，礼可以是：一、按照自己内在法则运行的所有宇宙运动的形式；二、同宇宙运动形式相一致，旨在调节人际关系的由各种仪式所规定的人类行为模式，如婚姻、丧葬、诞庆、祖先崇拜等等；三、以上模式指导下的日常生活模式。实际来讲，人们一般是在后两种意义上谈论礼，指符合礼治道德的人的行为。

在儒家那里，礼即道德。纯社会意义的道德。和我们上文界定的基本上属形式意义上的道德，即构成了儒家的双重意义的道德观。从这个意义上讲，儒家道德的形式主义既非我们经常认为的某种伪善的标准，也非仅仅是对表面浅层规则的遵守。如果说人们行为所应遵循的形式是从外部灌输的，那是由于舍此别无他法。形式只有在人们发自内心地十分真诚地遵守的时候才是有意义的。儒家的道德反省一再回到这一点上来，认为行动是内心世界的表现，不反映内心精神的行动是无意义的，宁无行动也勿使精神与行动分离。

在此，我们又遇到了儒家传统与西方法制传统在形式问题上的对立。法制主义同样是形式主义的，但意义却与儒家完全异趣。法制主义源于目的性逻辑而非形式性逻辑理性；法律条文总是为着十分明确的目标而制定的，是经过精心计算以达到目的的手段。它的形式的作用仅仅是使为达到某目的而选择某种法律规范的人的意愿表面化。在这种情况下，遵循形式的义务便有两种不同的情况，一种是保证选择法律规范的意愿在今后具有明确的、形式的证据（这主要是文字形式的作用）；一种是使法律行为的执行人按照其契约所需的重要性强化其意向（这即是某些法令所要求的形式的作用）。如此看来，法律形式与礼仪形式正好相反：礼仪是从外部来规定内部，通过对行动的规约来使意向符合于行动；而法律则是从内部来规定外部，通过对意向的规约来使意向与那个将它外化的行动相一致。这一规约的出发点和方向的不同正反映了群体主义与个人主义的对立。在群体主义那里，由于社会是先定的，所以意向应该符合于不考虑个性的社会的和谐同一；在个人主义那里，由于社会不过是由各种个体活动所组成的结果，所以社会的轮廓是与各个不同个体相一致的，人人根据自己的方式行事。

礼治主义与法制主义相比较，在处理民事关系上明显优越，但在处理经济关系时则显得十分不济。经济关系如果只用形式来规定，那么从社会意义上讲经济过程是几乎无法协调一致地实现的。简而言之，即使在礼治主义下，分配过程能够得以实现，但一旦经济稍有发展，脱离原始自然经济阶段后，生产过程将无法实现。儒教曾经企图发展生产，但到头来只是成功地给经济套上了马尔萨斯式的枷锁。在古代中国，经济发展虽很迟缓但已超出了礼治主义的范围。经济活动实际是在礼治主义的肌体上发展起来的令人讨厌的赘生物，法制关系制度的胚胎便是从此萌生的。

在新汉文化圈，昔日的赘生物如今已成为社会活动的中心。在日本，这一转变发生于明治时代。一个国家决定要使经济按照西方的模式发展，就必须一举具备全套必须的法律机制，其时日本的制度就已与礼治主义毫无共同之处了。那么礼治精神是否便已消散殆尽了呢？不。这种精神不仅没有消失，而且正是这种颇有生命力的群体主义倾向使得日本企业具有十分不同的风格。礼治主义一直存在。由于日本人的心态仍与礼仪不可分离，与其说礼仪处于一种边缘的位置，毋宁说它在深层结构中起作用，在那些为制度所规定的异常有生命力的日常习俗中起作用。这些礼仪习俗传达的是一种社会和谐的精神，日本人称之为“和”。它继续维系着社会秩序、等级，起着缓和经济行为所致的过分粗暴的后果的作用。礼仪之名已不存在，人们不再像古时候一样设置繁复的礼仪制度以治理国家。礼仪分崩离析了，但又无处不在。在各个关系的集合点，庆典仪式调节社会活动的节奏：开幕式、纪念会、诞辰日，工厂、学校、办公室、街道等组织的各种集体活动，从各种难以计数的朋友间的庆会到同事在工休时的一杯茶，从各种酒宴、聚会到下班后的一盅酒，从众多的家族事件到街上相逢时的致意，整个社会生活自发地受礼仪的约束，个体行为只有十分狭小的天地，一旦超出这个范围，就会显得失调和尴尬。事无巨细无不依据礼仪形式会使人筋疲力尽，同样，有礼仪形式可以依据而无须表现个性也会使人轻松闲适。但是这绝不是循规蹈矩、墨守成规的顺世主义（conformisme）。顺世主义是一种顺从世俗的放任，而礼治主义则时刻要求个人行动与社会生活同一步调；顺世主义是无思想的表现，而礼治主义则是社会的灵魂；顺世主义导致僵化，礼治主义则使社会关系充满活力；顺世主义使关系紧张，礼治主义促进和睦。

礼治主义在日本的功用我们可以通过下面一个

例子来说明，日本人的“和”便是防范法律个人主义泛滥的有效之堤：在两倍于法国人口、经济发展水平至少与法国相当的日本，律师的数目却远远少于法国。[①]

在其他汉文化国家和地区，无论是自由政体还是社会主义国家，社会生活都同样地十分礼仪化。要了解这一点，只要参加一个社会活动，无论大小，从家庭便饭到新年节日，就可以看到远东的社会生活与欧美社会生活是十分不同的。当然我们不能说，在西方就根本不存在社会生活礼仪化的趋向，有社会即有礼仪。但是在西方，这种趋势是不明确的，流于含混、模糊，并受到个性主义的强大抵抗。礼仪在西方只有在宗教方面才有完整的表现，

① 1982 年日本律师人数为 11745 人（见 *PHP*，*a Forum for a bettre world*，东京版，1984 年 11 月号，第 9 页），1983 年 12 月 31 日，法国律师为 15757 人（巴黎第十大学 M. 罗宾（Robin）教授所提供的材料）。显然这一比较指数十分简单，对此应有一个较深入的研究。

即是说礼仪还处于原始水平上，真正的社会礼仪是微不足道的。西方礼仪并不像中国礼仪，源于宗教仪式，通过宗教苦修使礼仪得以保留其纯洁形态和勃勃生机；而是相反，在西方，宗教形式的世俗化使礼仪成为无足轻重的东西。在汉文化圈内，葬礼仪式以一种强大无比的力量显示出以死者为中心的整个社会关系的范围、强度，并按照适度的距离将这些关系与死者的近亲连结起来。在西方，世俗葬礼简直就是一幅宗教葬礼的讽刺画，其意义无人知晓。在今日的西方，人们力图重新给节日概念赋予某种群体内容，但是，个人主义都从相反的意义上来阐释群体主义，从自身出发颂扬节日的放任自由、欢乐纵情和将社会等级舍弃不顾的一面；而在群体主义社会里，这一面不仅仅是社会能量分配上的短暂的并不重要的一面，更为重要的是强化群体结构的一面。至于日常生活中的礼仪、举止、宴会、聚首、街头致意，在西方不仅不被积极地当作社会纪律性的礼节，而相反被消极地看成机械性的矫揉造作。傲慢自负的西方人认为，一切非个性的非独特的都是无价值的。

同这种既聋且哑的西方社会的礼仪相比，远东的群体主义的礼仪则显得生机勃勃。当然在这点上，日本超过其他汉文化国家和地区。要探寻个中奥秘就应该分清礼治主义发展的真正原因与其表面现象的差异，如在今日之中国的表现。

表面现象关系到民族心态的不同。以上我们一直是从观察汉文化国家和地区的共同文化的角度来看问题的，基本未对汉文化国家和地区各自特点作分析，而这一点都是需要专门研究的。现在我们可以来谈谈差异。日本人含蓄，中国人奔放，日本人感情内藏，中国人溢于言表；日本人不喜首创，纪律性强，热爱团体生活；中国人富于独创、直率、纪律性不强、勇于冒险。这即是为什么众多的作者，尤其是很多日本人写的关于中国的文章，将中国人描写为个人主义者的缘故。其实这是对表面现象的严重的误解。只要稍稍留心一下，就会发现同日本人一样，中国人的心态也是同个人主义格格不入的。无论是在本国，还是在异国，当两位中国人相遇时都能够十分容易地根据各自所处社会地位的不同来准确无误地确定相互之间应采取的姿态。这种情形之典型，海外华人共同体凝聚力之强烈以及同西方人随时显示自我的心态相反，中国人同日本人都不愿意显示自己与众不同的特点，都是令人信服的证据。然而，中国人与日本人却又有各自不同的群体主义风格：日本人十分内倾，中国人则特别外倾，日本民族作为一个岛屿民族，唯恐失去其岛屿特性，为保持其纯一性不遗余力。中华民族素来开放，陆有丝绸之路，水有南海交通，融合和消化了一批批的来自亚洲的各个人种的野蛮民众，使其文化光耀整个远东。中国人在世界各地安居乐业，而日本人只在本土才能真正获得安逸。中国人无论学何种外语都表现出惊人的能力，日本人虽为此耗尽气力也无所得。中国人的外倾是十分明显的，但它既不同群体主义又不同礼治主义发生冲突，它使中国人放松，使其向外开放；而日本人的内倾则使其紧张，使其封闭。在中国，接待客人的第一句话一定是“不要客气”，而日本语中类似的话“お楽汜”（请随便）则要等到过了一段时间，形式的关系升级之后才会被主人说出来，而且其仪式性仍然很强。但是请不要误会，中国的“不要客气”本身就是完完全全礼仪性的。从礼仪上讲，最能说明日本的内倾与中国的外倾的例子恐怕是喝茶的仪式（茶道）。茶源于中国，茶道也源于中国，尤其是经宋朝（随宋瓷发展），发展成为一种家庭接待来宾的欢迎仪式。在日本它很快被改造成为一种异常精致的仪式，恰如一个进入内屋必经的气压调节室（sas），客人在升堂入室之前必须先在这里以无边的客套和始终如一的态度来接受调节，以使感情与接纳入室的要求一致。

关于社会关系的形式化，在中国，虽然较西方要发达得多，但比起日本来，却贫乏得多。这有历史的原因。同日本不同，中国的近代化经历了数十年的革命动乱，不仅仅礼仪形式荡然无存，社会结构也遭彻底破坏。然而，作为社会的表现形式，礼仪并非一定要依附一个结构严密的社会。中国社会结构的重构如今才刚刚开始，中国的礼仪因之也极为简单。即使经过了“文化大革命”，礼仪仍然存在下来了。这既是社会结构重建的标志，也是现政权人为地建立起来的结构（如人民公社）解体的信号。一个礼治主义的社会是如何变成一个革命的社会的呢？实际上，革命正是礼治主义、群体主义的反题。按照中根千枝的说法，礼治主义与群体主义的社会属于“纵向社会”（société vecticale），而革命的社会属于“横向社会”（société horizontale）。然而这位卓越的女社会学家像许多日本人一样，没有看到在此方面中国人的社会性与日本人的社会性完全一样：

实际上，中国过去从不是革命的，正是由于它同日本一样，受到“纵向社会”模式的制约。与世界其他国家不同，革命在这里正如燃烧于湿柴之上的火焰久久难以展开。关于这一点，我们将在关于中国功能主义传统的论述中作更详尽的分析，这里在结束关于对礼治主义的分析之前，强调一个极重要的观点，即：在中国，自由的概念是无法得到确切的表述的。

正如上述，自由思想是典型的个人主义的，群体主义的心态无法予以阐明。自由的全部含义只能在法制而不是礼教传统中得到体现。事实上，甚至“自由”（liberté）一词本身也是19世纪以来用汉字迻译的西方词汇中最糟的一个。[1] 最早的译法见于1822年由第一个来华的新教传教士罗伯特·莫里逊

① 铃木修次《日本汉语与中国》，东京，1981，第137～167页。[日]柳父章《外语概念翻译表达的成立条件》，东京：岩波书店，1982，第175～191页。

（Robert Morrisson）字典，被译为“自主”，在当时的中国读者眼中并无重大意义，后来自主渐渐具有了“独立”的意义。同时还存在7至8种译法，但最后是最早见于日本基督教著述中的“自由”的译法占了上风，流传开来。然而，这一表达法虽然用之极少，但却是古已有之（自主则不然），自由一词的古代用法带有十分强烈的贬义，同我们如今所讲的“放纵”同义。最早出现于公元3世纪司马彪的著作《续汉书·五行志》中，用来形容被赤眉起义军立为皇帝的刘盆子行为放纵（自由）如小儿。在与此同时的一首作者不明的名为《忆焦仲卿》的诗作中，诗曰焦仲卿之母去衙门告发其儿媳行为放荡（自由），无礼教无廉耻。后来在一些玄秘的“禅”诗中（以及有“禅”倾向的某些唐代大诗人的作品中），自由才具有褒义色彩。这也正是因为“禅”喜好颂扬反面价值的缘故。这意味着，要弄清在一种浸透了礼教思想的语言中，由“自由”所译出的

（liberté）的概念所代表的意义，实际就等于想象当所有的“民主”一词由一位天才的小丑偷换成“无政府”概念后，西方所有的近代政治文献的意义！

然而，在礼治主义中还有另外一个概念起着自由在法制主义中同样的作用，这即是“自发”（中文称自然）。自发同礼教规则不可分就如同自由概念与法的概念不可分一样。由于礼仪是纯形式的（从上述的“形式性逻辑”意义上讲的），它并不直接规定行为的目的，尽管礼仪形式主义实际上将目的性引向一个唯一的方向；礼治主义将这种由礼仪形式诱发出的符合预设方向的冲动概括为自发。由于礼仪即一切事物按照宇宙法则顺其自然方向运行的形式，所以自发也就不是什么其他东西，而是事物本质的动力；中文“自然”一词即指“自发”，又指“自然”（nature）。自然即自发，自发即自然，这本是同一事物。

礼仪——自发／自然这一范畴不包含法律必

然——自由范畴所遇到的那样的逻辑疑难，因为礼仪仅仅是自发运动方向所体现出来的力线的形式。如果礼仪被设计制定得十全十美，人人便可以毫不费力地自发地遵循它。如果人人都按照自己的真正的自然方向行事，那么他的行为本身便是合乎礼教的。这即是儒家以“无为”政府来概括理想的政府的原因所在。我们现在要谈的所谓国家功能主义的概念便是建筑在这一分析之上的。

儒家认为用国家机器控制社会是合乎自然的，因为世界本身就是受某种巨大的宇宙力量所调节的，天体运行，沧桑巨变，四季更迭，证明了这个力量的存在，由闰月系统巧妙联结起来的昼夜交替，月年递增显示了这个宇宙法则的生生不息。中国传统一直将国家机构同哲人思辨中的宇宙运行结构的各个部分相提并论，其理即在于此。以这一原则为本发展起来的统治学说，比西方的君权神授理论精妙得多。这一学说的基本点之一便是，既然上天是一统的，国家的君王就应该是独一无二的；既然天主宰着宇宙的一切，君王的权力就应是至高无上的。古代中国的帝王制度即是由君主一人主宰国政的专制政体。西方作者将此看作专制主义图式，古代中华帝国于是在西方被认为是专制主义的化身。18世纪，传教士将中国同其亲身感受的欧洲相比较，认为中国专制主义运行良好。由于传教士的影响，中国政治制度于是又受到广泛青睐，被认为是一种完善的开明的专制制度。后来，孟德斯鸠创立三权分立理论，阐明了法治国家的机制，中国专制主义摇身一变又成为最为恶劣的原始野蛮的暴政的样板，黑格尔曾经有一段勾勒出中国专制政体特征的话至今仍然继续滋润着那些先入为主之见。

专制帝王君临中国大地，操纵组织严密的政府和等级森严的国家，甚至宗教和家庭事物都由国家法律所规定，个人在精神上无个性可言。[1]

中国的政治制度显露出“历史的童年”时代的特点，那时，法制国家尚不存在，国家如同一家之父一样依照道德以奖惩来直接实行统治。由于无力将社会关系加以法律概念化，中国政治制度将永远处于童稚时代。这一观点为各种关于中国无历史，中国无发展，中国的王朝更迭是一种永无休止的周而复始的循环运动等的说法提供了理论依据。

这类关于中国的看法——如果算是看法的话——是基于西方对所有非西方事物的一种傲慢的盲症。当然，人们可以或者赞赏礼治主义或者赞赏法制主义，但都无权无视礼治主义，一个色盲可以认为交通信号系统十分荒谬，因为它总是绿色的，但我们却无权像色盲一样来谈论中国。

① 《历史理性》(La raison dans l'histoire)，1979，法文版，第284页。

实际上，我们对政治的分类是不能套用于建立在与西方完全不同的基础之上的中国制度的。传统上我们将政治制度分为专制政治，寡头政治，民主政治，其下又有进一步的分类，这种分类不适用于中国不仅由于古代中国的社会国家不是法治国家，而且从严格的政治意义上讲，即国家政权的社会构成的属性来讲，中华帝国从来都不是一个政治国家。儒家认为，社会不是后天建成的，而是先验存在的，同样，国家也不能被建成，既不能由一个暴君、一小撮首领也不能由整个人民所建成。它的形成机制可在运行中逐步完善或者起变化，但是其基本结构却是先验地设定的。这样，我们便不能将这种国家权力说成是严格意义上的政治权力。即一种能够推动组成城邦、社会的人以自己的行动方式行事的匀质的权力。用中国话说，这种国家权力只能叫做礼仪性的，换言之符合自然的，但完全不是西方自然法意义上的权力——反映了个人主义世界观的人类自然属性的权力。国家权力合乎自然的观点是从宇宙论意义上讲的，是功能性的，非政治性的。所谓功能国家乃是一种纯行政国家。同由政治权力支配或自生于某种社会形式的组织相反，古代中国的帝国组织是一种只具备行政管理性质的权力制度，它无须政治权力支配，只以礼仪来进行调节。用政治一词来谈论这一制度只能从广义上讲，将国家看作一种与社会相联的特殊设置而不去管它是否有一个社会的起源。所谓官吏制度（système mandarinal）便是最严格意义上的纯粹官僚主义的国家制度。

官僚制度的功能主义没有权力的分立，只有技术上的功能的区分。自“周礼”起到前帝国时代（指秦统一以前——译者）末期的古代中国的制度典籍，都毫无例外地论述过这些技术性的功能划分和国家机构之如何完善。至于皇帝本身的权力则从来没有界定。正是这种没有界定的权力才是一种至高无上的权力，然而这种至高无上的权力又完全是非政治的。理论上讲，皇帝的权力并不被看作一种由外部任意操纵国家机器的权力，它是一种置于国家机器中心的、静止的、作为其他部件的中枢轴心的权力。中国的古典国家理论认为皇帝绝非一个可以任意支配政权的独裁君主，它以一种完全不同的方式来解释帝王的功能，将这种功能看作一种存在于宫廷帷幕深处，行政上最为僻静地方的相当于盲点的功能，一切行政关系都在这里交汇，一切关系又从这里几乎自动转换成决议，这些决议通过周密的整体权衡后作出，然后作为回复又重新回到行政官员们的手上。

这是理论，实际情况如何呢？要回答这个问题，首先强调下面这一点（黑格尔当不满于此）：中华帝国按照礼治主义的原则获得了充分的发展，并在发展过程中大大完善了自己。要对此作出判断，必须找到其他参照系统，仅仅依靠不适于中国的法制主义的范畴是不够的，十分明显，如以法制主义的标准来衡量中国，中国则从未发生过变化。我们可以选择一些具体的标准：如极权主义标准，理解为政权在所有领域中对个体的所有活动进行强制性干预，独裁标准（理解为政权随心所欲地强加给个体以各种专断决定的行为）。分析古代中华帝国是否极权独裁，实际意味着对中国专制主义的特点进行描述。

同极权主义比较，中国传统尊重礼仪同西方传统尊重法一样。尊重礼仪，是尊重个人在按照礼仪行事时的自发性而不干预其活动。在中国历史上，还存在一种与以不干预为特征的礼治主义相对立的做法，为早期的反礼治反儒家的一个思想流派法家所鼓吹。法家的论点称礼仪为愚蠢的行为（如果他们当时知道法的存在，也一定会将法看成是同样愚蠢的东西），法家的理论属典型的“目的性逻辑”，他们认为，国家欲达到目的，唯一只有通过一种无所不在的万能的刑法对个人的一切活动进行处罚、限制，“法家”之名即源于此。法家体系在秦朝（公元前 221 ～ 207 年）得到推广，毫无疑问，因之而成为人类历史上最为发达的极权主义模式。这一体系很快被推翻而一直未再重建。实际上，历史上中国或其他汉文化国家所经历过的各种不同的政权形式，总是按照不同比例的礼治与法治的结合，但同现代欧洲各国政权相比，其最终的统治方法显然是多一些不干预主义，少一些极权主义。中国刑法发达，唐律比欧洲中世纪的任何法典都完善得多。然而长期以来通行的中国官员政绩评价标准却是官员们越少诉诸刑罚，便越是政德昭彰。这种办法则从未在西方流行过。

当然，在冠冕堂皇的政治制度大厦后面可以隐藏各种滥用权力的行为。正是从这个意义上需要分析这一不受任何政治机制控制的官僚政权的独裁特点。必须承认，中国功能主义具有官僚系统自我调节机制，中华帝国的行政管理水平，曾达到近代以前世界任何国家都不能与之匹敌的高度完善的境界。

中国的科举制度便是行政管理史上的最重大的发明之一，即使中国古代的考试制度像其他制度一样渐渐蜕化了。近代西方正是从传统中国借用了这一制度。科举制之于行政权力正如民主制之于政治权力。在科举制之上又发展了多种自我控制机制，其中最著名的便是监察制度（御史台）的设立，其职能的执行经常是十分严格的。对于帝王权力本身也设有一种有效的称为封驳的制约制度。[1] 在帝国初期甚至更早，就规定对于较为重要的案件必须运用书面诉讼程序，这本身就是一个不可忽视的保证。然而，最后的调节权力属于帝王所有，虽有封驳制但却无控制。一些伟大的帝王，尤其是那些大王朝的开国皇帝对其权力运用自如，但若遇皇帝昏庸无能，则权力旁落，近臣得手。若是忠臣良将，仍可肩负重

① 封驳——指封还皇帝失宜的诏命，驳正臣下有违误的奏章。为唐代门下省给事中之主要职务。明代犹存此名义，清代给事中与御史职掌合并，旧制遂废。

任谨慎行权；但若相反，尤其是权力被宦官太监窃取，国家权力即被滥用以致成灾。这里值得指出的是，中国官僚政体腐败的首当其冲的受害者即为官僚政治自身。总之，中国行政体制调节社会的职能优于所有欧洲近代以前的行政体制。当然中国历史上夷族统治时期，行政体制被用来为外族入侵势力服务的情况应另当别论。另外，像中国古代这样具有根深蒂固的群体主义结构的社会，有足够的力量来与官僚政权抗衡。最无防御能力的社会阶层是农民阶层，他们备受地方村社富豪的剥削，同时又倚靠这些富豪的行政庇护。从礼治主义中之所以引不出国家的政治统治的概念，也是因为群体主义社会具有充分的自己保护自己的能力。公元前4世纪的法家创始人商鞅从这一点出发，采取的强化国家的第一项措施便是解散群体主义的支柱——氏族。

以上是中国官僚制度所赖以建立的国家功能主义的基本特征，朝鲜与越南忠实地模仿了这一制度，日本则在加以改造后袭用了这一制度。这一制度甚至还给现代宪法打上了明显的印记。1911 年中华民国的缔造者孙中山曾启用旧制度的两种最卓有成效的调节机制监察和科举用于国家政权组织。今天台湾的现行宪法规定，政治权力不是分为三权，而是分为五种不同的权力：在由孟德斯鸠而起的近代民主政体的传统的立法、行政、司法三权外，又设有同古代行政监察权一致的监察和与旧考试制度相一致的考试权。后两种权力是作为行政院和司法院的两个分部（即考试院和监察院——译注）而设的。除了这两个古董外，当今汉文化圈内的国家的宪法中未留下任何旧的官僚政体的遗迹。旧的一套已彻底清除，被按西方政治体制建立起来的制度取而代之。然而长期强大的非政治的行政统治传统仍然留下了不灭的影响，这即是社会政治化程度低弱和偏重于行政而非政治的统治倾向。

汉文化社会是政治化程度很低的社会，在非社会主义的各国和地区中，尽管政体十分不同，如日本之与新加坡，香港之与台湾，但都可以看到这一点。无论是自由民主政体还是武力机构健全的民主政体，无论是民族政府还是殖民政府，这些国家的绝大多数民众都对国家事务漠不关心，他们安于现状而不寻求改造现状。

请看日本。除了少数政治职业家外无人真正对政治感兴趣。但是，公众并非对政治麻木不仁，一些重大的涉及广泛的政治问题会激起公众舆论的热烈关注。比如，20世纪50年代关于《日美安全条约》的修改问题；目前关于加强日本军队的所谓“自卫”问题等。公众舆论并非真正按照自己的需要来指责和胁迫执政党，它满足于利用公愤对政府施加压力。自1947年宪法执行以来，除开始9个月片山哲的社会主义政府短期执政外，自由民主党（曾有一段时间为自由党—民主党）一党能够长期执政，原因就在于此。那么是否可以说，至少，日本人对执政者是满意的呢？恰恰相反，舆论界掌握的关于贿赂、变节、各种丑闻的事实俯拾即是，虽然可以激发人们对政客们的鄙视，但达不到要求改换执政党的程度。严重的事件是可以以行政手段解决的。对于公众来说，政治上的党派之争，与他们自己的利害宏旨无关。是的，当只有少数人对政权感兴趣的时候，政权之争当然就只会停留于少数党派角逐的水平上。

在日本，人们不大利用政治机构的渠道，而是比西方多得多地利用行政手段来直接解决重大事情，社会结构性的力量直接影响行政部门。这种结构性的力量首先是那些组织有素的经济代理人。包括集中于一些大的老板联合组织中的企业主的代表，如“经团联”（经济团体联合），和集中于大的工会组织，如“总评”（日本劳动组合总评议会）中的工人代表，当然这些力量都有与己有利的政党作为靠山，但他们更多的是利用其在行政机构内部的直接交往。日本公务人员法定退休年龄很早（60 岁），许多高级公职人员在快到退休年龄时便利用其职务关系网在经济领域里开始从事第二职业。在日本这种做法被称为“天降”，较之法国被称为“庞都福拉日”（法语Pantouflage一词有贬义——译者）的同类现象普遍得多，仅仅这两种不同的叫法就足以说明两种体系的不同。一切关于20世纪70年代最初几年的调查显示日本年均“天降”现象为179起。[①]

官僚政权与大的社会组织之间的接触机制的存在，使政治本身的机制受阻，而且政治机制本身也因之或多或少地被扭曲。首先，竞选完全不是围绕着重大的政治问题进行，而是围绕着竞选者所在选区的地方行政问题进行。曾经由于Loockeecl公司贿赂案被控首谋的前首相田中角荣可以在新潟（Niigata）选区大获全胜重新当选，是由于他改变了这个地区的面貌，在此开通了高速火车。选举活动

① Ward, R.E.《日本政治体系》，纽吉西，1978，第82页。

并不是由政党的活动分子进行的，而是由一些特别招募的支持团体进行的，他们负责将地方各界的力量联合起来。再者，许多原行政负责官员渗进政党，他们企图在政治领域而不是在商务领域里开展第二职业。自战后以来 14 位一次或数次担任政府首脑的首相中，8 个曾是高级行政人员，历届政府中大约有一半的部长是行政人员出身。[1] 行政权力在很大程度上支配着建于其上的政治方向。行政机构的等级金字塔一直伸展到政治机构，进入内阁各省办公室，以致大臣的辞职并不影响机构的运行。各省设有 1 名政务次官，1 ～ 2 名事务次官，当某省大臣辞职之时，唯有政务次官同时罢官，而事务次官则在新大臣手下继续供职。[2]

---

① Fukase, T. Higuchi, Y.《日本宪法主义及其问题——一项比较研究》，巴黎，1984，第 277 页。

② Fukase, T. Higuchi, Y.《日本宪法主义及其问题——一项比较研究》，巴黎，1984，第 271 页。Nada, K.《日本法导法》，巴黎，1966，第 108 页。

总之，日本西方式的政治制度留给人的印象是，无论它的存在、运行都停留在表层上，而行政与社会则紧密相连。这种局面十分容易导致压力集团与大行政组织之间的勾结串通而使政治失控。日本工业政策的大方向难道不是主要由经济团体联合会和通产省而不是议会决定的吗？然而同西方相比这种失控并不严重，一方面群体主义社会能够较好地自我维持其各压力集团之间的平衡，而在个人主义社会里寻求这种平衡正是政治权术所应起的作用；另一方面礼治传统的行政调节机制中“和”（调和各种利害关系）的意识十分发达。

在那些镇压机构健全的民主政体的汉文化国家和地区，西方式的政治制度虽然存在但仅仅是一个外壳。台湾的执政党——国民党，1981 年创建的韩国民主正义党，新加坡人民行动党，都通过各种办法来保证自己垄断政权；或者干脆禁止建立其他政党，如台湾；或者强加严厉的条件限制其他政党的创立，如韩国；或者阻拦反对党在选民面前自由发表言论，如韩国、新加坡。这些情形已为世所熟知。使这些汉文化国家和地区有别于其他国家的恐怕还是执政党职能的政治性不强这一特点。执政党主要关心的是发展经济与现代化，是主要行使行政管理职权的强大政府，而且是同关系到社会经济结构的各组织共同行使的，政府甚至为这些组织的建立出过大力。这种情形同明治时代的日本极为相似。社会还处于结构近代化过程之初，可塑性很强，还不能真正维持国家权力的平衡。国家权力组织形式是行政的，即是说按照技术性的功能划分的。由于发育不健全，它还不具备成熟的力量。国家必须通过相当独裁的权力集中来补救自身的不足，这就必然导致责任的不稳定及随之而来的任人唯亲和腐化堕落等现象。但是 20 年来的趋向表明，随着政权机构行政上的而不是政治上的强化，上述现象趋于好转。

除韩国外，一般民众对政治反应冷漠。韩国的不安定，主要是由于朝鲜南北的紧张关系使韩国政权的压迫者形象格外突出。一个小小的事件便可以成为酿成如 1980 年 5 月光州那样的大危机的导火线。新加坡没有这样的背景，民众不关心政治，对政权感到满意。台湾则介于二者之间。

香港的情形十分特别。由于民众无权参与政治，关于民众参与政治生活的问题则无从提起。然而，我们看到的是，香港民众对此心安理得，毫不准备对公众事务承担责任，并且在全球反殖大动荡之后仍然毫无怨言地任一个地地道道的殖民政府摆布自己的命运。香港人是否由于害怕北京干预而故意保持低调？截至 1982 年，我们都不能说北京助长了这种恐惧。民意测验表明，移港的大陆人中只有 64.1%是因反对共产主义而出走的，其中只有极小部分是极端反毛分子。[1] 因而香港市民的行为主要只能

① Lau, S.K.《香港社会与政治》，香港，1982，第 12 页。

用其对政治不感兴趣来解释。再强调一次，不感兴趣并不等于麻木不仁。50 年代和 60 年代发生了两起大的政治热潮，一次是由国民党引起的 1956 年“双十节”的骚乱，一次是 1966 ～ 1967 年“文化大革命”浪潮的感染。这两次热潮清楚地显示了不参与同麻木的区别。而且自 1982 年起，在对待香港 1997 年主权回归中国的准备工作的问题上，香港舆论十分敏感。目前英中当局已同意的条规所引发的最大的问题是香港人民将如何慢慢地（不管其愿意与否）承认并实行自治的问题。

在社会主义的汉文化诸国中情况则大不一样，因为这里政权的性质是革命的。这些政府不满足于控制国家机器，而是要对其言行彻底改造，使之适用于集体主义制度。这些政府直接地系统地对社会结构发起进攻，企图将原有结构彻底翻转过来以建立新的社会结构。关于这一点，我们不拟分析毫无典型意义的越南和我们所知甚少的朝鲜，中国的例子已清楚地表明，这些国家根深蒂固的不参与政治的习性是如何使革命受到顽强的抵抗。自1789年法国革命到十月革命的西方革命显出的特点是，革命一下子爆发，迅即席卷整个社会。而在中国，不说19世纪长期的革命准备时期，自1911年以来中国经历过多少次革命的发动和再发动？没有1936年至1945年的绵绵战火，革命能漫延全国吗？中国广袤的土地，众多的人口并不足以解释这样一个长期艰巨的阵痛现象。革命动乱在中国持续半个世纪之久，并不是因为中国人充满了革命狂热，而正相反是由于中国人比任何民族都缺少革命气质。很可能也正是需要从这个方面来寻找后果极端恶劣的痉挛式的“文化大革命”的原因。

没有阶级意识就没有革命意识，然而阶级意识只能产生于“横向社会”（再次借用中根千枝的术语），与群体主义心态格格不入。孙中山就曾慨叹过发动中国同胞参加民族革命之无限艰难，他曾写道，中国人是一盘散沙。这一比喻曾广泛流传但并不确切。它使人理解为中国人个人主义太强以致无法团结起来。实际上正好相反，中国无论是国民党还是共产党的革命志士，总是力图将个体从构织紧密的关系网中解脱出来，而成为具有阶级意识的革命大众。他们成功了没有？在彻底破除旧关系系统方面，他们显然成功了，但在创造一个无产阶级的关系体系上，则需另外论述。自解放战争胜利以来，经过几十年的社会主义建设，共产党中的极“左”分子将中国引向了所谓的“无产阶级文化大革命”。我们在此试着对“文化大革命”作如下归纳：第一，这一无产阶级革命的进攻对象是共产党，而不无矛盾的是，共产党的最高职能便是加强无产阶级的团结；第二，虽然这一革命主要在城市即在最无产阶级化的、阶级意识最强的社会阶层中进行，但革命运动很快分裂成为兄弟相残的各个对立的派别，这些对立的派别并非全由学生组成，在很多情况下是工人组成的，从一个工厂到一个工厂，人们相互格斗；第三，由于工人阶级的分裂瓦解而无法依靠，不得不借助军队的力量以恢复秩序。

为了建造一个符合革命教条的新社会，人们进行了不懈的努力来重新锻造社会的经纬网络。网络的总纬线是以“群众组织”的形式设立的各社会团体：工会、共青团、妇女联合会，职业的、艺术的甚至宗教的各种协会。这些群众组织的性质正是“横向”的。[①] 几乎所有这些群众团体都在“文化大革命”期间停止了活动，经过10年瘫痪后，于1978年才又重新开始恢复活动、毫无疑问，这些组织起着十分重要的作用，但其作用是自发的吗？另外，共产党政权还创立了独特的社会结构的基础——人民公社。人民公社不仅仅建在农村，也建于城市。1958年，以农村人民公社为样板，在主要工厂附近，

① 如中根千枝所指出的。

围绕着行政中心或者完全是为了集中城市居民而创建了城市公社。但这些城市公社很快就于 1960 年消失了，而农村人民公社则维持了较长时间，虽然经过几次调整，但在存在了 25 年之后，也终于寿终正寝了。

总而言之，经过严格意义上的革命阶段，即“翻身”（社会条件的突变）阶段后，中国社会给予了冲它而来的十分巨大的政治压力以消极抵抗。中国社会没有一蹶不振，它巧妙地避开政治压力，开始重新组合。在我们已经论述过的“单位”中，社会在寻找一种新的形式。这种形式将既不是早已成为历史陈迹的古代形式的复活，也不会是资本主义的再生，而是像日本资本主义一样的深深打上了远东群体主义烙印的一种社会主义的形式。

同时，自 70 年代末，中国开始编订新法律及所谓“法制运动”，这一运动旨在将政党置于国家法律的制约之下。换句话说，即是一场将国家权力与真正的革命权力分开的运动，使党不再有权直接干预公共事务。即使国家机器本身掌握在党的手中，但法制运动仍有其意义：一直作为党的中心工作的革命任务已开始减弱，正向纯国家意义的工作过渡，即是说，国家已处于我们上面所论的官僚政治意义上的新的官僚政治化过程的初期。“一国两制”的口号确认了这一演变。这一口号是中国统一的关键，它意味着中国共产党在“五十年”内不对香港采取革命行动。同时，中国强调沿海各省地方的自治，开放14个沿海城市以外贸促进现代化，设立经济特区等，形势正在朝着上述方向发展。

革命所带来的对一党有利的所有公共事务甚至私人事务的极度政治化，是古代中国法家政治的现代翻版；这一点在“文化大革命”的批孔运动中已由当时的政权承认无遗。简而言之，如果说个人主义还可以与群体主义并存的话，那么极端政治化则与群体主义毫无共同之处。从本质上讲，群体主义社会就既非法律的也非严格意义上的政治的。国家政权在中国传统上是倒置的，国家权力面对一个与此抗衡的强大的社会力量。在汉语中，国家权力并非一个指示词而是一个关系词，用一个秤锤（contrepoids）（权）的隐喻来表示。最先放上天平的不是国家而是社会，国家是社会权力的平衡码，而不是相反，社会应该是国家权力的平衡码。从这个与西方语言习惯恰恰相反的语义匹配出发，按与国家权力相反的意义而用之，一个被赋予“主体权利”（dron rubjectif 人权的基础——译者）意义的新词（古典礼教语言中的“权”无此意义），“权”便创造出来了。[①] 在臆造的东方专制主义观念的人工光焰照耀下阅读中国历史，造成了一种近代幻觉，认为官僚士大夫国家是十分强大的国家。重申一下，除蛮族统治时期外，士大夫国家一直是较弱的，威严显赫

① ［日］柳父章《外语概念翻译表达的成立条件》，东京：岩波书店，1982，第 151 ～ 172 页。

的大家族，独往独来的地方豪民，闻名遐迩的士林名人等构成了强于国家的社会力量。日本的征夷大将军制便意味着强大的封建家族接受国家权力。明治政变将行政权力交还天皇，因而具有革命的意义。中国近代社会的变革过程，少不了一场长期艰巨的使众多头颅落地的革命运动。一个列宁主义革命武装的政党进行了这场革命。这一政党行使其双重权力，即国家和革命的权力。现在执政党的职能已开始减弱，随着社会群体主义新结构的加强，政党职能可望继续减弱。在西方，只有对汉文化圈一无所知的人，才可以臆测历经革命而不得解决的中国人权问题。实际上“文化大革命”已经为此提供了教训，表明这条道路的终点何在。

同样，汉文化诸国的经济发展水平参差不齐，现代化的完成将给各国带来新的社会政治平衡，要达到这一平衡，各国都存在着不同程度的距离，唯有日本在赶超世界强国的同时找到了这种平衡。值得注意的是，变革完成后的日本社会的勃勃生气，令人回想起旧儒家社会的特征。当然，西化使日本人的心态增加了十分严重的个人主义成分，但是，群体主义精神并没有灭绝，它在法律的背后，保持在礼仪的形式之中，深深地影响着按照西方模式建立的国家政治生活方式。而且，国家政治机构功能主义倾向的减弱，又使政治机构本身在很大程度上成为多余的。

日本的政治模式是否也能同其经济模式一样具有影响力呢？我们无法给予肯定的答复，因为日本模式显然由于其政治和功能主义的两重动力而无法平衡。在其他汉文化国家，如果社会经济演变能够伴随着政治制度上的功能主义的减弱，无论是社会主义还是资本主义制度，政权所遇的阻力当会随之相应减少。总之，在传统社会里，虽然在中国官僚制与日本封建主义政权之间存在着极大的差距，但两国在意识形态上仍十分相近，如果说我们无法展望下一个世纪初远东社会主义的前景的话，那么我们至少可以看到，中国的发展正变得越来越独特。这一独特性正是根植于两千多年来群体主义熏陶下的社会心态，根植于与西方法律个人主义相比毫不逊色的高度发展的礼治主义。

结　论

新汉文化圈的崛起[①]

一直到19世纪中叶，作为整体的汉文化圈所表现出的内聚力，不仅明显比印度教文化、伊斯兰教文化区域强，而且也绝不在西方文化区域之下。17世纪以前，这一源于中国的文明无疑胜过欧洲文明，然而随着欧洲工业革命而诞生的新文明，迅即超过了东方文明。在近代文明的强大冲击面前，本已在很大程度上衰朽破败的汉文化圈一触即溃地解体了。今天，只要一接触东亚地区的局势，就会发现，这一解体的后果至今尚存：朝鲜半岛一分为二，台湾、

① 译者注：此标题为译者所加。

香港与中国大陆分离，日本与中国的政治、经济距离拉开……然而，如果清算一下那些早先导致解体的因素，我们又不难看出，这些因素或者已经消失，或者正日益减弱。

相继进入东亚的外国势力曾经是导致分裂的重要因素，而如今所有外来干涉或与此有关的分裂因素都已消失。西方殖民帝国主义是首要分裂因素。自鸦片战争以来，它即是导致汉文化圈崩溃的祸首：它促成了中国的衰落，使越南成为法国的、香港成为英国的殖民地，为朝鲜的灭国铺平了道路。步西方列强之后尘，日本帝国主义掠台湾、朝鲜入其版图，建立伪满洲国，终于引发了日中全面战争。至二次世界大战前夕，东亚地区已是支离破碎、面目全非了。如果说那个古老的汉文化圈统一体还有什么东西剩下的话，那就只剩下日本企图为其本族利益而重建这个统一体的帝国主义野心了。但是，冲突的加深和社会的动乱却促进了殖民帝国主义的后撤，而且后撤之快又是其在东亚推进的速度远非能比的，殖民帝国主义的势力在这个地区几乎是一进来便撤了出去。然而，殖民势力虽然撤了出去，但干涉行为则花样翻新并带来强烈后果：如美军占领朝鲜，战后朝鲜分裂与苏联插手，美国亲台的干预政策导致中国大陆与台岛之间隔绝，法国与美国相继卷入越南以及战胜国美国对日本拥有维护其自己利益的权宜处置权（discretionnaire）等，这些都给汉文化圈各国制造了同前一阶段同样深重的新裂痕。随着民族主义的兴起，遏制民族独立之日益不易，新殖民主义的政策甚至对那些最强大的国家说来也过分沉重了。历史一越过旧帝国主义的门槛，法国与英国就被扔下了。1968 年英国放弃新加坡作为其海军基地，便是这一时代最后结束的标志。中国与苏联关系的破裂，标志着中国与神化的、旧的与新的（即共产国际的和共产党和工人党情报局的[①]）苏联帝国主义关系的完结。同样，美国也被拖得精疲力竭，1969年关岛宣言就意味着其对东亚义务的取消。

然而，在东亚区域内部，一些导致国与国互相疏远的因素依然存在。首要因素自然是发展的不平衡，自明治维新以来，不平衡的鸿沟即在日本与其邻国之间不断增大；最近，这个区域的新兴工业国与不发达国家之间也出现了不平衡。今天的日本人，认为自己与美国人、欧洲人而不是与日本海彼岸的民族更为接近。地理的距离已经无足轻重，如果不计日本与西方在经济问题上的多种摩擦，语言障碍已是阻止日本与西方进一步亲密的障碍。确实，这一障碍是难以逾越的，为了克服它，日本人不遗余

① 译者注：共产国际：1919年为列宁所创，1943年5月宣布解散。共产党和工人情报局：是1947年由苏联提议于波兰成立的，有苏联、保加利亚、捷克、匈牙利、波兰、罗马尼亚、南斯拉夫、法国和意大利9国共产党组成的共产党国际机构。1956年据苏联提议解散。

力：几乎所有的日本人都受过英语启蒙，至少对西方思维方式有最基本的了解；另外，西方的所有出版物一出即被译成日文，尽管有许多不实之处。与日本相比，西方则相差甚远，西方不仅学日语的人寥若晨星，对日文的译述也是凤毛麟角。然而这些并不妨碍日本人的眼光越过太平洋，越过亚洲大陆，更喜爱到欧洲、美洲旅游。他们曾这样表示自己的心愿：如有可能选择另一个祖国，他们将选择瑞士！——这是一项民意调查的结果。确确实实，当人均年收入高达 1 万美元的时候，是很难与年收入只有 300 ～ 400 美元的人交朋友的。可庆幸的是，发展水平的差异已开始淡化，关系的改善并不需要以经济水平完全相等为前提。请看今日日本与中国台湾、与韩国的关系之密切，尽管它们之间生活水平有 1 ～ 5 倍的差距。至于中国大陆人民的生活水平，虽然在可见的 10 年内不会发生太大的变化，但在下一个和更下一个 10 年将会发生比人们预料要大得多的变化。

另一个重要的导致分裂的因素是政治体制的对立。然而，同东欧与西欧的两大政治集团的对峙相比，东亚政体的对立并非水火不容。首先，东亚两大政治集团所依仗的意识形态都是舶来品。无论西方教条主义是如何僵硬，也不可能像在其本土那样根深蒂固。这一点，在中国对社会主义所作的多种解释和朝鲜的主体思想中，已经显露得十分鲜明了。再者，东亚社会主义各国在政治上并非如东欧一样铁板一块，中国对苏联一直冷若冰霜，平壤虽然与莫斯科维持较好关系，但绝不丧失独立，只有越南加入了经互会，同其邻国中国发生公开冲突。这三个人民民主政体国家都各行其是，外交独立而互不干涉。因而，亚洲并不存在社会主义阵营。另一方面，尽管美国曾不遗余力地企图在亚洲建立一个反共同盟，但由于日本人民不可遏制的反战要求，这一同盟也终于没有建立起来。实际上，这一地区的真正的对抗，存在于更深层的民族意识之中，而非意识形态上。如日本帝国主义肆行的严重的后果，是朝鲜与日本的对立；革命暴力所致的激烈内战，带来的是同外国干涉一样惨重的民族和睦的破坏。正是这种兄弟间的相互残杀使得南北朝鲜间、中国大陆与台湾间仇深似海。但是这种伤痕是可以由时间来愈合的。时间已唤来了韩国与日本的和解；唤来了政体不同的日本与中国的和解。中华民族统一的进程显示这一趋势正在滚滚向前，势将卷走最严重的创痛。

这些是正在减弱的导致汉文化国家分裂的因素，除此之外，还有促成统一的强大因素，那就是经济发展的协同作用（synergie）和文化的一致性。

什么是发展的协同作用？这是一种活力，它不应该与起补充作用的商业活力混为一谈，有一种商业活力甚至同这种协同作用相反，即殖民型的商业，它仅仅有利于贸易的一方。协同作用给予平衡的商业交换以投资和利润回收的补充，并根据预先制定的战略加以调整。它不再是那种日本帝国主义企图征服东亚而设定的所谓共荣圈。与20世纪30年代不同，目前此地区国与国之间的总贸易额已经低于整个汉文化圈同圈外国家的贸易总额。这是一个健康的信息，这表明该地区内部贸易各方在保持各民族利益均衡方面目的更为明确，控制能力更强。这一局势的出现是由于在互相十分熟悉的贸易各方之间有一种无需整套商业协定的默契，日本公司与海外华人公司在对待中国外贸公司经常提出的附加于合约之外的习惯性条款的灵活性，便是这种默契的证明，这种灵活性使很多西方公司败下阵来。当然贸易出超或入超的问题总是存在的，但本地区各国之间解决起来较同外部世界国家解决起来容易。朝鲜对日本的债务问题就是一桩十分棘手的问题，但仍然比朝鲜与其他债权国的问题要缓和一些。技术性交流尤其有益。韩国钢铁工业便是一个很好的例子。主要在日本援助下，韩国建设起钢铁工业，然后又使其造船工业有了迅速发展，并很快赶上了日本造船业的水平。总之，如同在世界其他地方一样，在东亚，商业交换同样是由多少经过协调的竞争机制和利润原则来规定的，但是在汉文化区域，存在一个较其他地区更强有力的发展螺旋体，这个螺旋体的顶端是日本、世界第三大经济强国，它带动着其身后的其他汉文化国家，包括人稠地广的人民中国。

上述协同作用由文化的一致性得到了大大加强，这种文化一致性是一种异常有效的统一因素，它在三个层面上起作用。

首先，语言层面。操任何汉字语言的人都可以通过汉字毫不费力地弄懂其他汉字语言。过去作为古典文化传播媒介的汉字，由于大量的吸收消化工作（主要在日本），如今汉字已获得了表达新文化的能力，从而成为先进文化的传播媒介。这种工作至今仍在继续，但已不再像过去那样系统了，原因是科学技术思想发展如此之迅速，以致无法立即创造必要的新词来加以表述，而且充斥泛滥于专业书籍中大量的纯音译美字和日字已成问题。然而这种问题只是一个知识水平问题，而且对那些要深入到英文的国际文献中去的人说来，这又是无法避免的。总之，即使是从高水平上着眼，汉字也仍然是汉文化民族之间，最可宝贵的举世无双的交流桥梁，尽管无论是对于一个美国人、一个欧洲人还是一个非汉文化区域的亚洲人说来，它都是一个最难逾越的高深的语言障碍。同欧洲已不通行的拉丁语相比，它的优势是有现代汉语作为其继承者，无论这个继承者有多少变化。19 世纪末 20 世纪初，建立于明治时期的日本各大学在向日本各界传输西方文化的同时，也曾经毫无困难地向当时的中华民族精英传授过现代知识。如果日本明白它作为汉文化圈首先发展起来的国家的历史使命，它完全可以同传输古典文化的中国唐代一样，成为光耀四邻的现代文化的传播者。但是要做到这一点，日本不仅需要改变自己像战前那样的政治上的不宽容，而且还应扩大其接纳胸襟。日本民族有一种特异的、源于其几乎病态的民族内倾而生的、一旦涉及其国门向外开放就会发生的无名恐慌，这一恐慌同其政治不宽容一样，大大限制了日本人的胸襟。

文化的一致性同样也表现于第二个层面，那种共有的浸透了儒家传统的社会形式上。从各种人际交往方式上看，这一层面代表一个非政治的侧面，一个可以抵消意识形态上的两极对抗的侧面。通过各国之间的接触影响，可以使汉文化各国以同样的方式来解决工业文明所带来的问题。

第三个层面自然是思想层面，这一层面使我们又回到关于中国文化及其与远东各民族文化相关性的整个宏观图景上去，本来是不应该在这里重新提起的。这里仅划出几条粗犷的线。同样的诗的思想给予世界以同样的美的审视，情感因而获得深沉的相通。日本、中国、朝鲜、新加坡，无论何地的人们，都以李太白的眼光对着中秋的月亮冥想沉思。不应以工业文明已经使旧的科学技术传统变得过时和陈腐为借口，而只将思考范围局限于文学艺术领域，而不考虑十分接近的思想方式所给予整个汉文化圈的积极影响。当然汉文化的科学技术旧传统已经被超越，然而过去的沃土也可以使现代思想的园地结出新的果实。比如在数学领域，在某些数理方法的研究上，中国人曾经远远超出了西方。他们虽然后来走入了死胡同，但那种独特的研究取向却是可以重新发掘并从此开辟新天地的。从目前工业生产的观点看，中国和日本过去都没能发展机械系统，而正是这一点使得它们落后于西方。但是，它们的技艺水平却比西方传统所达到的水平高超得多。看看中国或日本一个木匠的工作，观察一下他们的编织筐包技巧，参观一下用手工艺制出的一件件精妙绝伦的工艺品，留神一下那甚至比工艺品本身还要美妙的工艺大师雕琢艺术品时精确无误的鬼斧神工，上述论点便不会难以理解了。正是这一高超严密的工艺技巧，使得今天中国的显微外科技术走在世界的前列，使得日本的电子工业厂商的产品性能举世无双。手工生产的极度完美，曾经使中国、日本没能发展机械系统，东方需要西方的影响，并且通过这一影响才能跳过工业生产这一关，使工艺技巧重新受到重视而再用于机器生产。如今的西方，在发明了机器之后，却经常被机器禁锢其中而不易自拔，没有机器传统的重负，极少受束缚的日本人，则将随时超越机器时代。例如，到过日本的西方工程技术人员注意到，在日本，机器拜物教是不存在的，而这一点在欧美则有碍于对生产的合理管理。[①] 在

---

① 此点由《从石器至机器人时代日本生产技术史看举止的演变》（巴黎，1983）一书的作者，工艺工程师 Wagner 向本书作者指出。

日本，机器的存在是因为其功用而不是因为它自身，机器一旦结束使命便被人们毫不痛惜地扔进了废铁堆。日本机器在构造上较为简洁，同西方相比，它们无用的部件少一些。[①] 更进一步说，日本向后工业文明——最好说后机器文明——自如的过渡，正是由于它面对机器的自由。

上述便是汉文化圈和谐统一恢复的诸要素，较之使它分裂的诸要素要强大得多。我们今天的世界，对这个文化圈将在明天世界上所起的作用，作何期待呢?

首先回顾一下它的组成。两个大国：中国、日本，在此二者之间是中等大小的朝鲜，南北各依一个汉文化大国重新起着传统上的中介作用；占世界人口大约30%，地理政治结构十分近似于北美而不

---

① 此点由《从石器至机器人时代日本生产技术史看举止的演变》(巴黎，1983）一书的作者，工艺工程师Wagner向本书作者指出。

同于欧洲。欧洲既无法克服其像镶嵌画一样的各个不同的分散的民族国家的弱点，又纠缠于纷乱的语言而交通不畅。越南是否会重新加入到汉文化圈的整体中来呢？这一点我们无从得知，但是同整体相比，越南无足轻重。

单独一个汉文化圈的实力就将必不可免地导致整个世界引力中心的转移。那么这在政治上、经济上、文化上有什么意义呢？

从政治上讲，我们必须认识到：一个新的汉文化圈崛起于2000年地平线上的意义，是不同于中国是否继续倒向美国或苏联，或者美国同盟是否仍然牢固的意义的。这将不再是东西方关系天平上的一端增加或者减少一个国家的问题，这是天平本身的重新组合问题。大概由于听到各种关于中国是斯大林式的，日本美国化了的说教太多的缘故，使我们忘记了中国首先是中国的，日本首先是日本的这一简单事实。我们必须习惯于这一事实，同时我们也必须习惯于将众多的国际问题：全球平衡问题、政治影响问题、经济诉讼规则问题、危机战略问题等放到其国际范围中去考虑，而不是像我们经常所做的只从西方内部角度去考虑。相反，东西问题将会失去其虚假的国际意义而成为真正的西方内部问题。这也是不结盟运动希望促其出现的有利于不结盟国家的国际现象。然而，无经济实力的不结盟运动是无法打破旧格局的，而汉文化圈本身的经济实力——无论从何种假设考虑，下世纪初，其经济实力都将等同于欧洲或北美——就可以打破旧的均衡而无须借助不结盟诸国。这即是说，中日两国与其假想的对手之间的关系的意义将取决于中日本身的关系。

当然从经济上讲，除日本外，其他汉文化国家还有相当一段路程要走，但这段赶超的路程有可能比人们预料的还要快地走完。实际上从现在起，关于一个扭转了落后状态的新群体的崛起，将对世界经济产生影响这一前景，已经对日本提出了这样的问题：当差距拉平之后，维持何种增长速度呢？高速增长毕竟只能是短时期的，但是即使在低速增长期，日本的速度也比西方国家快。那么这次是否轮到西方国家开始落后了呢？这种假设绝非空中楼阁，使哈佛商校（Harvacel Business School）的经济学者们忧心忡忡的正是这一点，在研究日本经济体系中他们发现了某些优于西方体系的东西，比如，“丰田”发明的无储存管理法。这一方法曾为福特一家发动机工厂所采纳（美语名为 Just in Time Inventory Svstem，即时存货体系）1982 ～ 1983 年间便节约 3000 万美元；其中 2000 万由节省多余材料所得，1000 万为提高质量所得。① 这即是说，西方已开始向日本学习，并从日本发现了某些自己创造不出的新的管理技术。然而日本的管理技术并非十分容易

① 《每日新闻》，东京，1983 年 10 月 11 日。

搬用，“综合商社”（日本的一般贸易大商店，为西方各国所羡慕）并非一种简单的组织系统。1979年底，三菱商事拥有职员16,000名，分布于全国的营业部有21个，下设83个分部和60个分公司，遍布于全世界的分公司达127个，总营业额为700亿美元（与法国国家预算相当），生产2万种产品，拥有1个全球信息网，每天处理400万字的电传业务和4万封信件。[①] 在这里，变动不仅需要企业运行条件的质的变动，而且需要有一个适于全国各地的企业关系结构。一个仅仅依靠较好的全国水平的经济协调的商号，和一个更深层次意义上的、同另一种形式的社会性相联的商号是不同的。很多改善日本管理系统的技术优势经过改造后是可以采纳的，但毫无疑问，也有一些是只适用于非西方的社会类型。这便是那些日本道路的狂热鼓吹者们奇特的论调背后

① 《天下》，台北，1983年7月，第109页。

所具有的真理。这些人曾经毫不犹豫地建议美国企业通过传播“禅”来提高生产。

也许是企图汉化西方，这种想法是荒诞的。从文化上看，一种与西方相媲美的文明将伴随着新汉文化圈的出现屹立于世，它将在经济、科学技术等成就上与西方鼎足而立，但所依据的价值体系、社会意识、世界观念则独具特点。与300年来西方独尊地位所创造的神话相反，发达与西化之间并不存在完全的一致。汉文化也许是世界上最难渗入的非西方文化，我们对此并无充分准备，而且，从汉文化世界而来的接近我们的努力，使我们忘记了还需要努力开辟通向他们的道路。

必须行动起来。明天将不再是不发达的第三世界（法文 Le Tiers Monde 也为三分之一世界之意，故下文有世界之一半的说法——译者），而是一个发达的第三世界；后天也许就是世界的一半成了非西方的。仅仅作某种对话姿态是不够的，必须进行真正的对话。首先当然必须解决一些事务问题，但更为发人深省的是，一种在我们自己的战场上向我们进攻的文化正在崛起，它并非要使我们汉化，而是促使我们从一个非西方的角度出发，来学习对我们自己的社会和自己的价值体系进行重新审视，重新认证。

目前，一种失落感正在西方滋生，伴随着这种失落感的，是人们对发展国际对话的忌讳，而正是这种忌讳从反面暴露出人们已经感受到这种对话的必要。此种忌讳的进一步发展就将是怒气冲冲的宣泄，因为一旦文化差异将使西方文化失掉统治地位时，我们即无法忍受。我们随时可以接受新几内亚土著人吃人肉的礼仪，但却不能接受日本人每年只有一周的休假。一个贫穷的中国，才是一个美丽的中国！我们今天有点过于热心于保护中国人的自由，以至于不去考虑我们是否将保卫人家的自由同保卫我们自己的制度混同起来了。预言家并非是想当就能当的。另外，我们缺乏另一个社会的镜子所照出的西方形象的真实证据。不管怎样，西方不久就应该意识到，文化一词不仅在人类学的语言中，而且在其他学科中也是复数的。

本书所引报刊文献目录

一、报刊

AKJ	亚洲经济旬报（东京）
AS	朝日新闻（东京）
FEER	远东经济杂志（香港）
IFC	
JFNL	日本创立新闻通信（东京）
JJTD	日本贸易与工业杂志（东京）
KNR	朝鲜新闻（汉城）
LM	世界报（巴黎）
LMD	世界报外交专刊（巴黎）

MDN	每日新闻（东京）
OE	东京经济学家（东京）
QSND	七十年代
	九十年代（香港）
STJ	日本科学与技术（东京）
TH	天下（台北）
TKP	大公报（香港）
XHYB	新华日报（北京）
ZM	争鸣（香港）

二、书目

〔1〕Angnis, E.《日本企业增长的金融动力》，东京，1983。

〔2〕《亚洲安全》东京和平与安全研究所，1982。

〔3〕Barret, F.《日本资本主义的演变》3 卷本，巴黎，1946—1947。

〔4〕《防卫白皮书》（防卫厅），东京，1983。

〔5〕Balassa, Bela A.《半工业经济发展战略》，巴尔的摩与伦敦（世界银行发行），1982。

〔6〕Berber N.《新加坡史话》，格拉斯哥，1978。
〔7〕Bonavia, D.《香港 · 1983》，香港，1983。
〔8〕《朝鲜共和国：一个新型工业图景》，巴黎，1982。
〔9〕陈烈甫《东南亚的华侨华人与华裔》（台北）
〔10〕Cheng, Y.S.《八十年代的香港》，香港，1982。
〔11〕《朝鲜民主主义人民共和国》，东京，1983。
〔12〕《中国对外经济政策与国际关系》，东京，日本经济协会，1983。
〔13〕《中国政治经济——日中关系年表 1949—1978》，东京，日中经济协会，1979。
〔14〕《中国总览 1982 年版》，东京，1982。
〔15〕《中华人民共和国》，东京，1982。
〔16〕Chung, S.W.《行政与发展：韩国》，法国公共行政杂志 1978 年 7—9 月。
〔17〕《Co》，东京，1982。
〔18〕《合作与发展》，巴黎，1982。
〔19〕《资料档案》，东京，1983。
〔20〕Dautremer, J.《日本帝国及其经济生活》，巴黎，1981。
〔21〕Dourille, E.《1952 年以来的世界钢铁冶炼业》，巴黎，1981。

〔22〕《中华民国教育统计》，台北，1983。
〔23〕《82—83 年日本电子业》，东京，1983。
〔24〕《远东经济杂志年鉴》1961……1965，香港。
〔25〕Fauguet, L.G.《人造丝与合成纤维纺织业的历史》，巴黎，1960。
〔26〕Fukase, T. Higuchi, Y.《日本宪法主义及其问题——一项比较研究》，巴黎，1984。
〔27〕古川万太郎《日中战后关系史记要》，东京，1983。
〔28〕日中合编《现代中国经济事典》，东京，1982。
〔29〕长谷川应太郎《朝国经济》，东京，1978。
〔30〕《高技术与日本工业政策：给美国政策制定者的战略》，华盛顿，1980。
〔31〕黄文欢《越中友好与黎笋的背叛》，北京，1982。
〔31 bis〕Hofheinz R. Calder, K.E.《东亚之优势》，纽约，1982。
〔32〕《香港・澳门》，东京，1982。
〔33〕Hsiao, H.H.M.《台湾与韩国政府之农业战略》，台北，1981。
〔34〕Hwang P.G.《朝鲜杂志》，1983。
〔35〕环太平洋问题研究所《南北朝鲜总览》，第 1 卷，东京，1984。

〔36〕《东亚哲学研究所会刊》，新加坡，1984。

〔37〕《印支半岛简介》，巴黎，1983。

〔38〕石丸和人他《战后日本外交史》，东京，1983。

〔39〕《日本与世界统计》，东京，1982、1983、1984。

〔40〕《日本电子年鉴》，东京，1981。

〔41〕《2000年的日本》，东京，1983。

〔42〕全耀基《儒家理论与经济发展：韦伯学说的重探》，香港，1983。

〔43〕《角川日本史辞典》，东京，1980。

〔44〕《化学技术白皮书（昭和54年）》，东京，1979。

〔45〕日本经济新闻社编《华侨》，东京，1981。

〔46〕日本文化厅编《汉字》，东京，1982。

〔47〕鹿刚《中越关系》，东京，1978。

〔48〕《经济要览》，东京，1983。

〔49〕Kim C.P.《朝鲜杂志》，1983年夏。

〔50〕君家芳郎《计算机工业界》，东京，1979。

〔51〕Kojima, R.《中国的新农业政策》，东京，1982。

〔52〕《信息白皮书》，东京，1981。

〔53〕《朝鲜年鉴》，汉城，1982。

〔54〕《厚生白皮书》，东京，1981。

〔55〕Lau, S.K.《香港社会与政治》，香港，1982。

〔56〕Lee, S.Y. Jao, Y.C.《东南亚金融结构与货币政策》，伦敦，1982。

〔57〕Levesque, J.《中苏冲突》，巴黎，1973。

〔58〕李文健《中越战争》，香港，1981。

〔59〕Lim, Y.C.L. Goslin, L.A.P.《华人在东南亚》，新加坡，1983。

〔60〕《香港未来与繁荣问题》，香港，1983。

〔61〕刘伟《香港主权交涉史》，香港，1983。

〔62〕Livingston, J.（出版）《帝国日本 1800—1945》，纽约，1973。

〔63〕Livingston J.（出版）《战后日本 1945 年至现在》，纽约，1973。

〔64〕罗石圃《东南亚国家关系论丛》，台北，1983。

〔65〕《昭和史事典》，东京，1980。

〔66〕Mao, Y.S.《旧中国的技术与科学》，外文出版社，北京，1983。

〔67〕Mazuyama, N.《中国工业发展机制——发展战略变化的

背景》，东京，1982。
〔68〕松本重治《东南亚手册》，东京，1980。
〔69〕三谷静夫《韩国》，东京，1981。
〔70〕森谷正规《日本技术》，东京，1982。
〔71〕森谷正规《日本、中国、韩国产业技术比较》，东京，1980。
〔72〕Nguyen.V.C.《共产党治下的越南 1975—1982》，斯坦福，1983。
〔73〕日本经济企划厅《日本经济统计》，1964。
〔74〕《日本·土地与人民》（日制铁公司出版），东京，1982。
〔75〕《日本人事交流状况》（1979—1982），东京，1980—1983。
〔76〕《1981 年日中经济交流基础之巩固与实际之合作》（日中经济协合），东京，1982。
〔77〕Nada, K.《日本法导法》，巴黎，1966。
〔77Bis〕《有目标的合作》法越文件，巴黎，1985。
〔78〕Dhaza, K.《明治时代日本贸易与工业》，东京，1957。
〔79〕Ohkawa, K.《日本经济发展模式，一个定量评价》，纽黑文、伦敦，1979。
〔80〕彭怀恩《中华民国政治体系的分析》，台北，1983。

〔81〕《苏联人眼中的中国对外经济政策》(远东研究所)，巴黎，1978。

〔82〕《中华民国》，台北，1983。

〔83〕Richazdson, B.《日本的贸易与社会学》，纽约，1981。

〔84〕Rouilleaut, H.《日本·经济增长与工作关系》，巴黎，1983。

〔85〕Sanfozd, D.C.《台湾与中华人民共和国的未来联盟》，伯克利，1981。

〔86〕Schneidec, P.《越南汉字》，尼斯，1979。

〔87〕《时事年鉴昭和十一年》，东京，1937。

〔88〕《十年来华侨经济》，台北，1981。

〔89〕《新中国年鉴》，东京，1968—1984。

〔90〕《新加坡》，东京，1981。

〔91〕《新加坡　事实与图景》(新加坡文化部)，新加坡，1983。

〔92〕《明治百年史料》，东京，1966。

〔93〕《1982年日本统计手册》(统计协会)，东京，1982。

〔94〕Sugimoto, M.《传统日本的科学与文化》，剑桥麻省，1978。

〔95〕《数字显示的一个世纪来的日本》，东京，1981。
〔96〕Sung, C.Y.《朝鲜与金日成、朴正熙两个政体》，剑桥麻省，1981。
〔97〕铃木修次《日本汉语与中国》，东京，1981。
〔98〕Suznki, T.《基础概念的双重发音：为日语中之汉字辩护》，东京，1975。
〔99〕Snznki, T.《写作是否一种语言？》(北荷兰出版公司)，1977。
〔100〕田川五郎《中国的经济》，东京，1982。
〔101〕田川诚一《日中交涉秘录》，东京，1973。
〔102〕《台湾总览》，东京，1983。
〔103〕Takahashi, M.《明治复辟以来近代日本经济》，东京，1967。
〔104〕谷口规雄，须藤正亲《中国：国家与市场》，东京，1983。
〔105〕《东南亚要览》，东京，1983。
〔106〕Trolliet, P.《新加坡经济》，巴黎，1979。
〔107〕梅津和郎《韩国的财阀》，东京，1978。
〔108〕《趋向新的法日关系？》，巴黎，1981。

〔109〕Vogel, E.F.（出版）《近代日本组织与决定》，东京，1979。

〔110〕和田正彦《越南字喃中的会意》，东京，1979。

〔111〕Wada.L.L.《韩国的经济发展，成功的政治经济》，纽约——伦敦，1978。

〔112〕《外交关系近况，外交蓝皮书》，东京，1983。

〔113〕Wagner, 13.《从石器至机器人时代日本生产技术史看举止的演变》，巴黎，1983。

〔114〕若菜正义《蒋经国时代的台湾》，东京，1978。

〔115〕Ward, R.E.《日本政治体系》，纽吉西，1978。

〔116〕魏萼《揭开台湾经济发展之谜》，台北，1980。

〔117〕《世界银行地图集》，华盛顿，1983。

〔118〕Woronoff.J.《日本，下一次经济危机》，东京，1981。

〔119〕J. Woronoff《韩国经济：人间奇迹》，首尔：时事研究社，1983。

〔120〕《香港经济年鉴 1979》、《香港经济年鉴 1980》、《香港经济年鉴 1981》、《香港经济年鉴 1982》、《香港经济年鉴 1983》，香港：《香港经济报导》1979，1980，1981，1982，1983。

〔121〕《香港经济年鉴 1980》，香港：《华侨日报》，1980。
〔122〕[日] 山口一郎《中国与日本》，东京：潮出版社，1976。
〔123〕[日] 柳父章《外语概念翻译表达的成立条件》，东京：岩波书店，1982。
〔124〕[日] 山下昌美《华侨商法》，东京：同友馆，1981。
〔125〕[日] 吉原 K.《日本经济发展简介》，牛津、纽约、墨尔本、东京：牛津大学出版社，1979。
〔126〕[日] 游仲勋《中国经济一瞥》，东京：有斐阁，1983。
〔127〕Youngson, A.J.《香港经济的增长与政策》，牛津：牛津大学出版社，1982。
〔128〕国家统计局《中国统计年鉴 1981 年》，香港：《经济报道》，1982。
〔129〕国家统计局《中国统计年鉴 1986 年》，北京：中国统计出版社，1986。
〔130〕中国农业资源与区划全国农业区划委员会《中国综合农业区划》，北京：农业出版社，1981。
〔131〕《中国经济图解》，东京，1980。

附录

附录一

“东方文化丛书”总序

一部人类的历史，证明了一个事实：文化交流促进了人类文化的发展，推动了人类社会的前进。在整个人类历史上，国家不论大小，民族存在不论久暂，都或多或少、或前或后对人类文化宝库做出了自己的贡献。人类文化发展到今天这个程度，是全世界已经不存在的和现在仍然存在的民族和国家共同努力的结果，而文化交流则在其中起了关键性的作用。

现时，我们不能否认，流行今天世界的文化是西方资本主义国家在过去几百年中创造并发展起来的。社会主义文化已经产生，并取得了令人瞩目的成就，但它仍需吸收、借鉴资本主义文化中有益的部分，以发展和创造出一种更高形态的社会文化。

欧美一些比较有远见的历史学家，比如英国的汤因比，从研究全部人类历史中发现，一种文化或者文明都有一个发生、发展、演变、衰退的过程。他们把过去的人类文化或者文明，分成了许多独立的个体。有的个体，比如美洲的玛雅文化，今天已经荡若云烟，不再存在了。有的至今仍然存在，而且发展得如日中天。

一种文化或者文明，怎样才能继续发展，继续前进，继续洋溢着生气勃勃的活力呢？关键是除了内因以外，外因也起重要的作用，外因中最重要的一个就是文化交流。一种文化或者文明，如果在发展到一定的水平以后，就自我欣赏，自我感觉良好，固步自封，墨守成规，这表示，它已经失掉了生命的活力，注定要衰微或者消亡了。这是一个不可否定的基本历史事实。

此外，根据我们的观察，在五花八门、纷然杂呈的众多的文化或者文明中，显然有文化圈的存在。换句话说就是，在某一个比较广阔的地区内，某一个国家或民族的文化或者文明，由于内部和外部的原因，影响了周围的一些国家和民族，发挥了比较大的作用，积之既久，就形成了这样的文化圈。古希腊和罗马文化、从希伯来起一直到伊斯兰时期的闪族文化、印度文化和中国文化都形成了各自的文化圈，在非常辽阔的地区内，在相当长的历史时期中，对圈内的国家产生了或大或小或强或弱的影响。这影响不是单方向的，圈内的国家间有着文化交流，圈与圈之间也有文化交流，总起来看，是一个互相学习、互相渗透的过程。

这样四大文化圈，又约略可以分为两大文化体系：一个是西方文化体系，指的是从希腊、罗马一直到今天的欧美文化；一个是闪族、印度和中国的东方文化体系。在人类几千年的历史上，这两大文化体系表现出来的情况仍然是互相学习，互相渗透，交光互影，独立发展。这当然也是一种文化交流，是在最大的宏观的基础上的文化交流，而且这两大文化体系的关系是，哪一个文化体系也不是自一开始就占据着或者永远占据着关键地位、主导地位、支配地位、垄断地位。

在今天的世界上，正如我们上面已经谈到的那样，流行的是西方文化体系。我们东方国家——在这里，“东方”既有地理含义，也有政治含义，即所谓第三世界的国家——，中国也包含在内，近几百年以来就是向西方学习，向西方寻求真理。到了今天，世界上西方以外的哪一个国家不向西方学习？哪一个国家没有受西方文化影响？专就中国而论，我们的衣、食、住、行，我们的文学艺术，甚至我们的风俗习惯和我们的思想意识，无不打上了西方的印记。这是一件极大的好事，不向西方学习，则无法发展我们的生产力，无法推动社会前进。这个学习我们一定要坚持下去，不但今天学习，明天仍然要学习，绝不能稍稍放松。

但是，在努力向西方学习的同时，我们的头脑也必须清醒，我们的眼光也必须放远。我们必须上下几千年，纵横数万里，以人类全部历史和整个地球为背景，来观察东西方文化的关系，这样才能看出两大文化体系相对消长、互相学习的关系。最近几百年来所表现出来的情况，只代表最近几百年的发展。前于此者，情况有所不同，后于此者，情况也将会有所不同。只有放眼观宇宙，我们才能真正客观地、实事求是地观察问题。我们才能真正客观地、实事求是地了解西方文化，了解东方文化，了解中国文化。我们才能在错综复杂令人眼花缭乱的情况下，准确地给西方文化以应有的地位，准确地给东方文化以应有的地位，准确地确定我们文化发展的战略部署，准确地预见我们学习西方文化的结果。

我们这一套《东方文化》丛书，顾名思义，就是想给读者以有关东方文化的知识，帮助他们了解什么叫东方文化？中国文化在东方文化中占什么地位？东方文化当前的作用是什么？衡以西方文化，东方文化的发展前景如何？我国社会主义建设发展到今天这个地步，全国人民关心文化问题，是合乎规律的，是完全可以理解的。对我们在这里提出来的这几个问题，我们应该有自己的答案。近几年来，全国各地出版了大量的有关文化问题其中也包括东方文化的专著和论文，汗牛充栋，车载斗量，目迷五色，花团锦簇。我们想在这一面锦上再添上几朵鲜花，共庆升平。对目前注意东方文化很不够的情况，我们想加以矫正或者平衡。因为是丛书，作者很多，探讨的方面也很多，观点就可能有不一致的地方。我们认为，这是好事，而不是坏事。我们编委会对此概不干预。每个人的观点由作者自己负责。只要持之有故，言之成理，文章达到一定高度的学术水平，材料又翔实可靠，我们就收入丛书中。我们希望真正能做到百家争鸣，而只有真正的百家争鸣才能促进学术的发展。这是我们的信念，也是我们的行动方针。

季羡林 周一良 庞 朴

附录二

“东方文化丛书”再版序言

全球范围的现代化潮流，一度使得西方的生活方式和价值观念成为一种普遍化的经验，也让民主、自由、科学和人权成为人类共同的追求。不过对于中国人而言，受迫性的现代化过程伴随的是屈辱，因此，现代化的历程同时也是中国的民族主义高涨的时代。无论是激进的全盘西化论者还是主张本位文化价值的守成主义者，其背后的立场均是对于民族的独立和自强的追求。这种“救亡压倒启蒙”的状况，使中国人要么倾向于否定自己的文化传统，要么过于坚持自己文化的独特性，或者被动地证明中国文化价值观与西方文化价值观的一致性。这些都是不幸却又无法避免的事实。

到了21世纪，中国经济的发展，使得中国人开始逐步恢复对于自己文化的信心，能够心平气和的探讨普世价值和中国人独特价值观之间的关系，并寻求其中的契合点。借用“学衡派”的一个口号，说就是“昌明国粹，融汇新知”。这样，我们要抛弃那种非此即彼的全盘西化论和一切回归传统的带有复古色彩的保守主义，以包容和开放的态度来确立我们的文化立场。

不仅如此，文化问题也是全球化背景下国际社会所关注的核心问题。全球化是造成文化冲突还是促进文化共存的讨论受到了世界范围的关注。就目前的情况看，全世界在文化问题上存在着两种有害的倾向：文化上的霸权主义和文化上的部落主义。某些西方国家为维护他们的霸权地位，仍然宣扬文化上的西方中心论；某些取得独立或复兴的国家为了固守本土文化，排斥外来文化，而陷入了文化上的部落主义，这两种倾向在我们国家也有不同形式的表现。比如有些人对中国的文化传统持否定态度，而另一些人则主张21世纪亚洲文明将成为主流，这两种看法都不是客观的理性的态度。

中国文化的最高理想是“万物并育而不相害，道并行而不相悖”。这体现的是一种普遍和谐的思想。今日的世界联系非常密切，无论哪一个国家或民族都不能不关注当今人类社会所面临的共同问题，所以世界文化只能是在全球意识下文化多元化的进程中得到发展。

近年来法国哲学家于连强调以“互为主观”、“互相参照”为核心，重视从“他者”反观自身的文化，这是一种发现自身文化价值的重要的角度。这种角度其实很早就有，随着文化交流的增强，这种角度的有效性被越来越多的呈现出来了。因此，我们不仅需要自己“置身事外”观察自己的文化，也要了解别人是如何看待我们的文化的。

江西人民出版社在20世纪80年代“文化热”的时候，出版了《东方文化》丛书，在海内外有着广泛的影响，这些著作既有反映海外学者对中国文化的深入研究，如汪德迈先生的《新汉文化圈》，也有国内学者对于文化问题的自觉思考的。经过时间的淘洗，许多著作依然受到人们的关注。这次我们选择了《东方文化》丛书的一些著作再版，又吸纳了《论语与算盘》等著作，还有一些新近编定的文集，既重视知识的累积性，又照顾到时代的发展，定会对当下的中国思想界产生积极的影响。

汤一介

2006年4月

附录三

《新汉文化圈》后记

中国文化源远流长，内容丰富又独具一格，不仅对我国社会发展影响极大，而且在东亚和南亚等国（地区）的历史进程中留下了深深的痕迹，令世人瞩目。

现在，古老的汉文化是否还能适应我们今天重振中华，实现现代化的需要？它究竟是一份珍贵的遗产，还是一副因袭的重担？我们面对着它，应该采取一种什么样的态度呢？

法国著名汉学家汪德迈先生长期生活在汉文化诸域，并把毕生精力献给了对汉文化的研究上。《新汉文化圈》一书，便是其生活体验和学术心得的浓缩。在该书中，他将日本、朝鲜、香港、台湾、新加坡、越南等国家和地区的经济与政治的发展放到历史和文化的整体背景上来考察，分析了上述汉文化区域各国和各地区在历史进程中的成败得失，并指出现代化并非只有西化一途可走。这对于我们目前在学习和借鉴西方文化的同时，如何充分开掘传统文化的潜力，从而建设现代中国的新文化具有重要的参考价值。

作为一部学术专著，自然是一家之言。为了保持其完整性，我们使译文和原著忠实地一致。

汤一介

1990.11.27

出版后记

北京师范大学跨文化研究院近年汇聚了一批中外著名人文社会科学学者共建“跨文化学”。其中的外国学者们，应邀来到北京，与中国同行一道，为北京师范大学每年定期举办的跨文化学研究国际课程班讲学或参与相关重点项目研究。双方跨越不同社会、不同文化和不同学术传统的边界，探讨跨文化研究的理论与方法论，主要在哲学、政治学、比较文学与世界文学、文艺学、艺术学、语言学、民俗学和科技史学等领域，选择适合跨文化的选题，面向研究生授课、师生对话，再经修改和完善讲稿，出版专题研究著作，纳入“跨文化研究”丛书出版。这批著作不会在单一学科内产生，而需要在跨文化的视野下多学科会战；不拘泥于单边跨文化的以往局限，而是接受多元学术传统和文化多样性，建设开放性的交叉研究新空间。今年是这项工作开展的第五年，我们将“跨文化研究”丛书的出版计划，在保持原有开放势头和面上拓展的基础上，向纵深发展，出版《汪德迈全集》正是这个转型的标志。

我们的中外同仁多年来一直给予大力支持，在此要向他们道谢！特别需要感谢的有：法兰西学院副院长、法兰西学院金石美文学院终身秘书长米歇尔·冉刻（Michel Zink）教授，敦和基金会理事长、北京师范大学跨文化研究院理事长陈越光先生，北京大学乐黛云教授，北京师范大学王宁教授和程正民教授，以及王邦维、王一川、王宾、周宪、李国英、李正荣、李强、宋永伦。

《汪德迈全集》博大精深，法文翻译难度极大，金丝燕教授承担了汪先生大部分著作的翻译工作。巴黎索尔邦大学广场旁的“书桌”咖啡馆是两人常年工作的地方。那是一场携手同行的长途精神跋涉，现在仍在继续。

《汪德迈全集》中的一部分著作由汪先生在北京的讲稿脱手而成，经汪德迈先生委托，由董晓萍教授负责这批讲义的补充注释、文字整理和全书通稿工作。这是另一种形式的跨文化，以思想见面为主，网络代替了“书桌”。

汪德迈先生在北京高校讲学期间，部分中外师生参加了教辅工作，他们是：[法]陈陶然、赖彦斌、吕红峰、史玲玲、陈辉、高磊、罗珊、徐令缘、谢开来、王文超、王迅、付韵蕾、司悦、刘芳、李华芳、李亚妮、石鸿雁和李岩。还有其他同学召之必来，互相配合，虽不能在此尽数他们的名字，但这些美好的点点滴滴不能忘记。凡有功劳者必谢！

中国大百科全书出版社几年来承担了“跨文化研究”丛书和《汪德迈全集》的出版工作，是这批中外学者的亲密合作者。郭银星博士应邀作为《汪德迈全集》的全程责编，从编辑、出版到印制一力承担，一如既往地追求高品质的图书，在此要向她反复致谢！

董晓萍　金丝燕

2020 年 3 月 2 日